왜? 하고 물으면 과학이 답해요

생명 과학

왜? 하고 물으면 과학이 답해요 - 생명 과학

지은이	윤소영
그린이	김성연
펴낸이	정규도
펴낸곳	(주)다락원

초판 1쇄 발행 2019년 8월 19일
    2쇄 발행 2020년 12월 28일

편집총괄	최운선
기획편집	김경민
디자인	윤주파트너스

다락원

주소	경기도 파주시 문발로 211
내용문의	(02)736-2031 내선 275
구입문의	(02)736-2031 내선 250~252
Fax	(02)732-2037
출판등록	1977년 9월 16일 제406-2008-000007호

Copyright ⓒ 2019, 윤소영

- 저자 및 출판사의 허락 없이 이 책의 일부 또는 전부를 무단 복제·전재·발췌할 수 없습니다.
- 구입 후 철회는 회사 내규에 부합하는 경우에 가능하므로 구입문의처에 문의하시기 바랍니다.
- 분실·파손 등에 따른 소비자 피해에 대해서는 공정거래위원회에서 고시한 소비자 분쟁 해결 기준에 따라 보상 가능합니다. 잘못된 책은 바꿔 드립니다.

값 12,000원
ISBN 978-89-277-4708-6 77470

http://www.darakwon.co.kr
다락원 홈페이지를 통해 인터넷 주문을 하시면 자세한 정보와 함께 다양한 혜택을 받으실 수 있습니다.

왜? 하고 물으면 과학이 답해요

윤소영 지음 | 김성연 그림

생명 과학

다락원

머리말
영화 좋아하나요?

어릴 적에 본 음악 영화 '사운드 오브 뮤직'을 무척 좋아했어요. 영어를 배우기 전이라 '도레미송'이라는 노래 가사를 한글로 적어서 열심히 외워 불렀지요. 주인공이 부르는 '내가 좋아하는 것들'이라는 노래를 들을 땐 마음이 간질간질했어요.

장미꽃에 맺힌 빗방울과 새끼 고양이 수염
반짝이는 구리 주전자와 따뜻한 털장갑
노끈으로 묶은 갈색 소포
크림색 조랑말과 겉이 바삭한 사과 파이……
이런 게 내가 좋아하는 것들이지.

나중에 가사를 알고, '어머, 나도 정말 좋아하는 것들인데!' 감탄했지요.
당고모댁 가는 길에 만났던 반딧불이들, 뒷마당에 피어나던 열무꽃,
손바닥에 올려놓은 병아리 가슴에서 뛰던 심장, 잣나무 숲에서 나던 향기,
천천히 하늘을 돌며 날던 솔개의 날개 끝 같은 것들도 떠올랐어요.

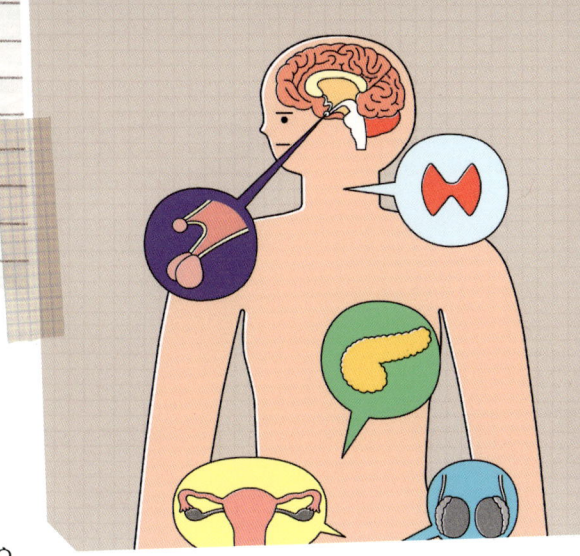

내가 무엇보다 좋아하는 것은 생명이에요.
과학자 윌슨은 사람에겐 생명에 끌리는 본성이 있다고 했어요.
러브록은 생명이란 먹을 수 있거나 사랑스럽거나
치명적인 그 무엇이라고 했지요. 생명에는 우리 마음을 잡아끄는 힘이 있어요.
그래서 무언가를 좋아하게 되면 생명이 없는 것도 마치 생명이 있는 것처럼
느껴지나 봐요. 좋아하는 인형, 게임 캐릭터에게는 자꾸 말을 걸게 되잖아요.

오랫동안 생명 과학을 공부했어요. 그런데 생명은 알면 알수록 더 신비로워요.
알면 알수록 더 재미있지요. 또 알면 알수록 생명이 더 소중해져요. 이 책을 읽는 분들이
생명 과학과 더 친해지고 생명을 사랑하게 되기를 소망합니다.
책이 나오기까지 수고를 아끼지 않은 모든 분, 특히 멋진 그림으로 책을 빛내준 김성연
작가와 김경민 편집자에게 감사합니다.

2019년 8월
윤소영

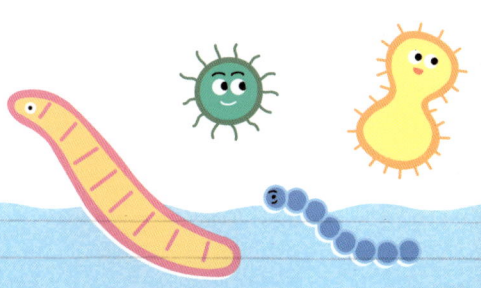

궁금한 과학을 발견하는 방법

생명 과학이 어렵다고?
우리 주변에 숨어 있는
생명 과학 원리로
진짜 쉽게 배우자!

초·중등 교과 단원 연계로
생명 과학 개념을 한눈에 파악해요.
학년에 상관없이 주제별로
다루어서 중학생이 되어도
과학 자신감이 쑥쑥!

포도는 왜 불어난 걸까?

초6 우리 몸의 구조와 기능
중2 동물과 에너지 - 소화

지난 주말, 우리 가족은 포도 농장에 다녀왔어.
우리 포도나무에서 포도를 따는 체험 활동을 하고
직접 따 온 포도를 한쪽에 마련된 탁자에서
맛있게 먹었지.
일은 집으로 돌아오는 길에 터졌어.
길이 막히면서 속이 점점 안 좋아져서 난 차를
세워 달라고 하고 풀밭에서 웩웩 토했어.
그런데 입에서 나온 것이 내가 먹은 포도보다
훨씬 더 많더라니까.
위에 들어간 포도는 왜 그렇게 불어난 걸까?

턱으로 소리를 듣는다고?

전지를 넣어 사용하는 작은 라디오가 있니?
소리가 나는 상태에서 라디오를 이로 살짝 물었다 하는 실험을 할 거야.
작은 라디오가 없으면 휴대 전화로 실험해도 괜찮아.
소리가 너무 크지 않게 켜고, 너무 꽉 물지 않도록 해.
이제 같은 위치에 두고 물었을 때와 물지 않았을 때 소리를 비교해 봐.
어때? 물고 있을 때 소리가 더 크게 들리지?
귓구멍과 함께 턱뼈를 통해서도 소리를 들을 수 있기 때문이야.
골전도 헤드셋은 머리와 얼굴의 뼈로 소리를 전달해서
소리를 들려주는 장치라고 할 수 있지.

소리조리 실험실

보너스 코너! 집에서
쉽게 할 수 있는 **실험**이
곳곳에 담겨 있어요!

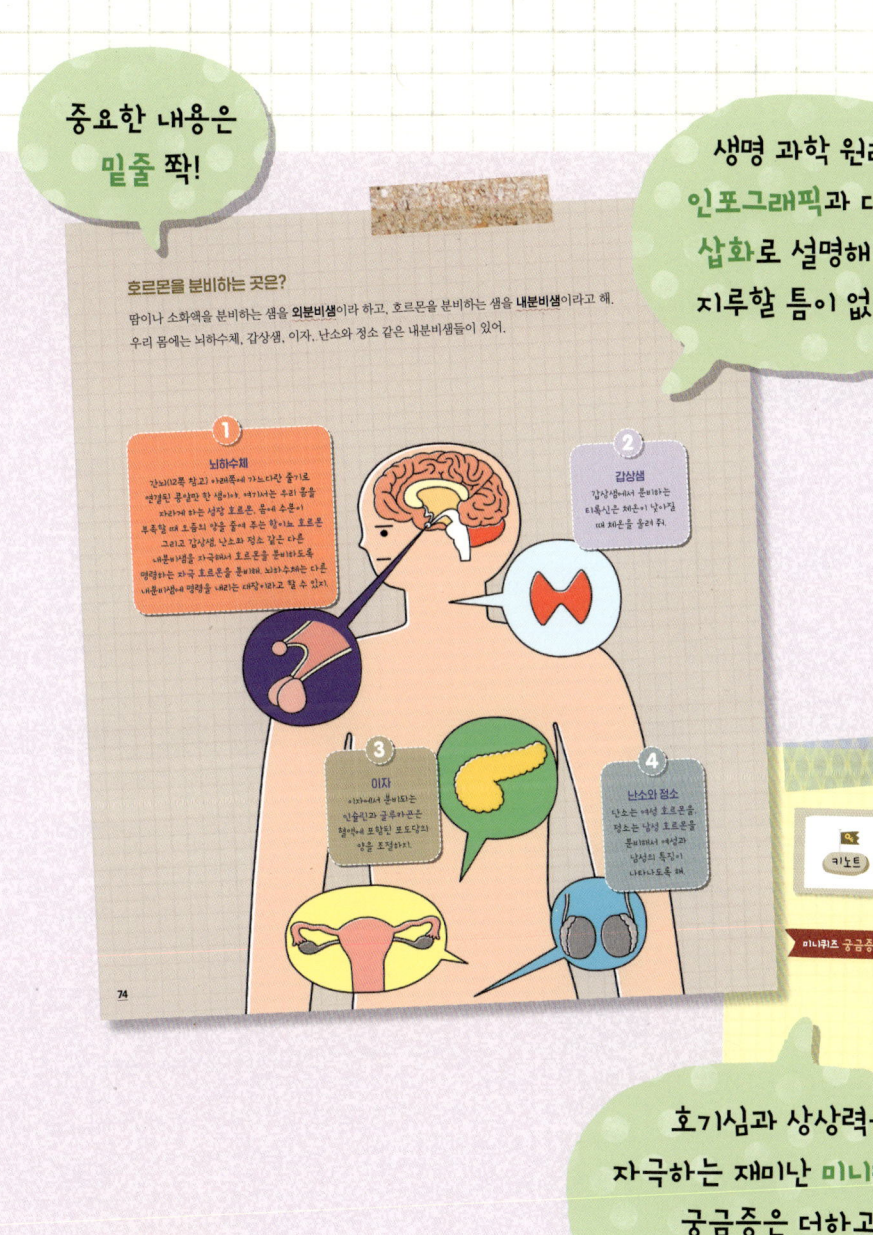

중요한 내용은 **밑줄 쫙!**

생명 과학 원리를 **인포그래픽**과 다양한 **삽화**로 설명해 주어 지루할 틈이 없어요!

핵심만 정리한 **키노트**로 낯선 생명 과학 개념과 친해지기!

호기심과 상상력을 자극하는 재미난 **미니퀴즈**로 궁금증은 더하고, 생명 과학 상식은 늘리고!

차례

1	멍 때리기 대회라니! 신경계	10
2	초콜릿 좋아해? 신경 전달 물질	14
3	포도는 왜 불어난 걸까? 소화 기관	18
4	코딱지 먹어 본 적 있니? 코	24
5	오줌 색이 왜 이럴까? 배설 기관	30
6	왜 아무것도 보이지 않을까? 눈	36
7	스켈레톤은 어떻게 움직일까? 뼈와 근육	40
8	여드름은 왜 생기는 거지? 피부	44
9	이어폰이 아니야? 귀	48
10	코골이는 무서워! 호흡 기관	54
11	심장은 왜 콩닥콩닥 뛸까? 심장	58
12	뱀파이어는 왜 피를 좋아할까? 혈액	64
13	구미호는 왜 간을 빼 먹을까? 간	68
14	화가 나면 왜 헐크가 될까? 호르몬	72
15	독감에 걸리면 왜 이렇게 아픈 걸까? 병원체와 면역	76

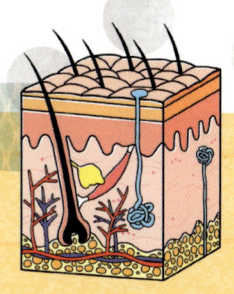

16	어떻게 성별을 알까? 남과 여	80
17	사람도 알이 있을까? 아기 만들기	84
18	내 혈관 속 DNA? DNA	88
19	로봇도 죽을까? 노화와 죽음	94
20	같은 얼굴 다른 옷! 유전	98
21	꿈을 기록할 수 있다면? 생각과 기억	104
22	세포는 클수록 좋을까? 세포	108
23	왜 몸무게가 줄지 않을까? 다이어트와 운동	114
24	순록 이끼는 이끼일까? 공생과 기생	118
25	북극곰은 왜 흰색일까? 자연 선택	122
26	동물들도 마트료시카처럼 먹을까? 먹이 그물과 생태계	128
27	가위 불 바위 물 공기 보 스펀지! 생물 다양성	134
28	사막여우한테 반했어! 적응	138
29	어떻게 정리하지? 생물 분류	142
30	지구의 뜨거운 탄생! 생명의 역사	146
•	친절한 생명 과학 용어 사전	150

멍 때리기 대회라니!

초6 우리 몸의 구조와 기능
중3 자극과 반응 – 신경

세상에, 멍 때리기 대회라는 게 있대.
우승자 중에는 초등학생, 중학생도 있다는 거야.
멍 때리기라면 나도 꽤 잘할 자신이 있거든.
그래서 엄마한테 멍 때리기 대회에 나가자고 했지.
내 이야기를 들은 엄마는 재미있겠다면서
같이 연습을 해 보자고 하셨어.
그런데 멍 때리기는 생각만큼 쉽지 않았어.
휴대 전화를 확인하거나 졸거나 자면 안 되고
웃거나 얘기를 해도 노래를 부르거나 춤을
추어도 탈락이라는데 좀이 쑤셔서
가만히 있기가 너무 힘들더라니까.

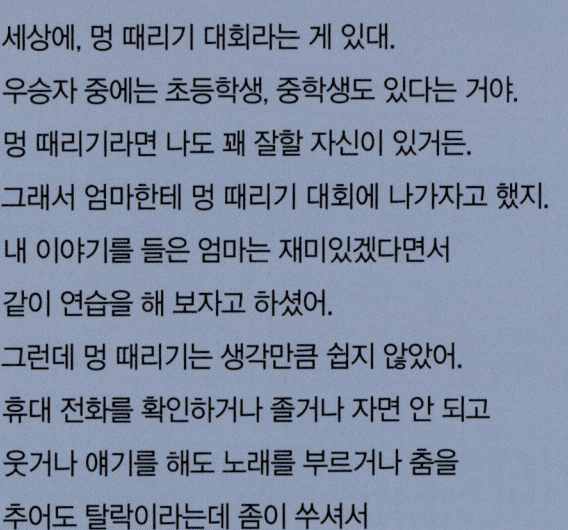

멍 때리기와 심장 박동의 관계는?

2014년에 시작된 멍 때리기 대회는 이런 질문을 던지는 행사야.
'아무것도 하지 않는 것은 시간 낭비인가?'
대회를 만든 사람에 따르면 멍 때리기는 시간 낭비가 아니라 시간의 사치라고 해.
멍 때리기 대회 우승자는 심장 박동이 가장 안정적인 사람으로 정해.
멍 때리기와 심장 박동 사이에 관계가 있다는 뜻이지.
뇌가 아무 생각 없이 휴식을 취하면 심장 박동도 안정된다는 거야.
이렇듯 뇌는 우리 몸과 긴밀하게 연결되어 있지.

이 세상에서 가장 빠르고 성능 좋은 컴퓨터는 무엇일까?

우리 모두 이런 컴퓨터를 한 대씩 갖고 있어. 말랑말랑한 컴퓨터지.
머리뼈 속에 들어 있는 뇌는 아주아주 복잡한 일을 하는 컴퓨터야.
자, 생각해 봐!
'무슨 생각을?' 이렇게 생각했다면 뇌를 쓴 거야.
뇌는 복잡한 생각만 하는 게 아니야. 단순히 보고 듣고 맛보고
냄새 맡고 감촉을 느끼는 것도 다 뇌의 일이지. 숨을 쉬고 심장이 뛰고
몸을 따뜻하게 해서 생명을 유지하는 것도 뇌의 일이야.
뇌는 너무 복잡해. 무엇을 상상하든 그것보다 더 복잡해.
그래서 제아무리 뛰어난 뇌 과학자라 해도
뇌가 어떻게 일하는지 다 알지 못하지.

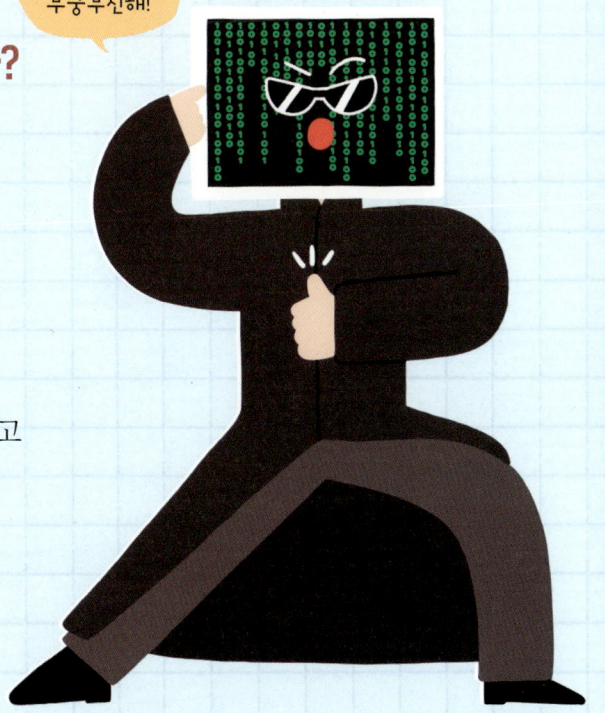

뇌가 없다면 어떨까?

가족이나 친구 얼굴을 볼 수도 없고, 목소리를 들을 수도 없을 거야. 기쁨도 슬픔도 느끼지 못하고, 아무것도 기억하지 못하고, 내가 누구인지도 알 수 없지. 내 몸의 다른 모든 부분이 그대로 있어도 뇌가 없다면 나라고 할 수 없어.

괴물처럼 생긴 신경 세포

뇌가 다양한 일을 하는 건 **신경 세포** 덕분이야. 우리 몸은 100조 개에 이르는 많은 세포로 이루어져 있어. 그중에 신경 세포는 1000억 개가 넘는데, 뇌에 가장 많이 있지. 신경 세포는 대부분 길게 발달했는데 참 독특하게 생겼어. 이리저리 촉수가 뻗어 나온 머리에 가늘고 긴 몸통과 촉수처럼 생긴 발이 달린 것도 있고, 가늘고 긴 몸통 중간에 머리가 붙어 있고 몸통 양 끝에서 촉수가 뻗어 나온 것도 있지. **신경**은 뇌와 척수 그리고 우리 몸의 다른 모든 부분을 연결해서 정보를 전달하는 장치야. 신경계의 중심을 이루는 것은 뇌와 척수야. 대뇌, 소뇌, 간뇌, 중간뇌, 연수(숨뇌라고도 해) 등 여러 뇌가 모여서 사람의 뇌를 이루지. 척수는 뇌 바로 밑에서 척추 속으로 길게 뻗어 있어. 우리는 신경의 작용으로 주위에서 일어나는 일을 재빨리 파악하고, 필요한 일을 하지.

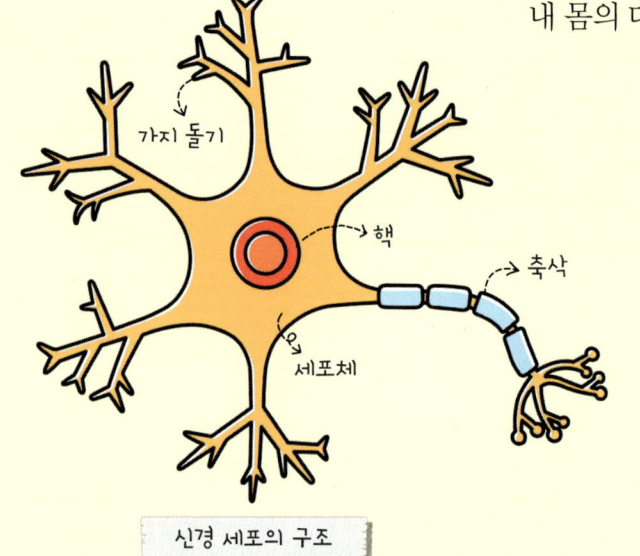

신경 세포의 구조

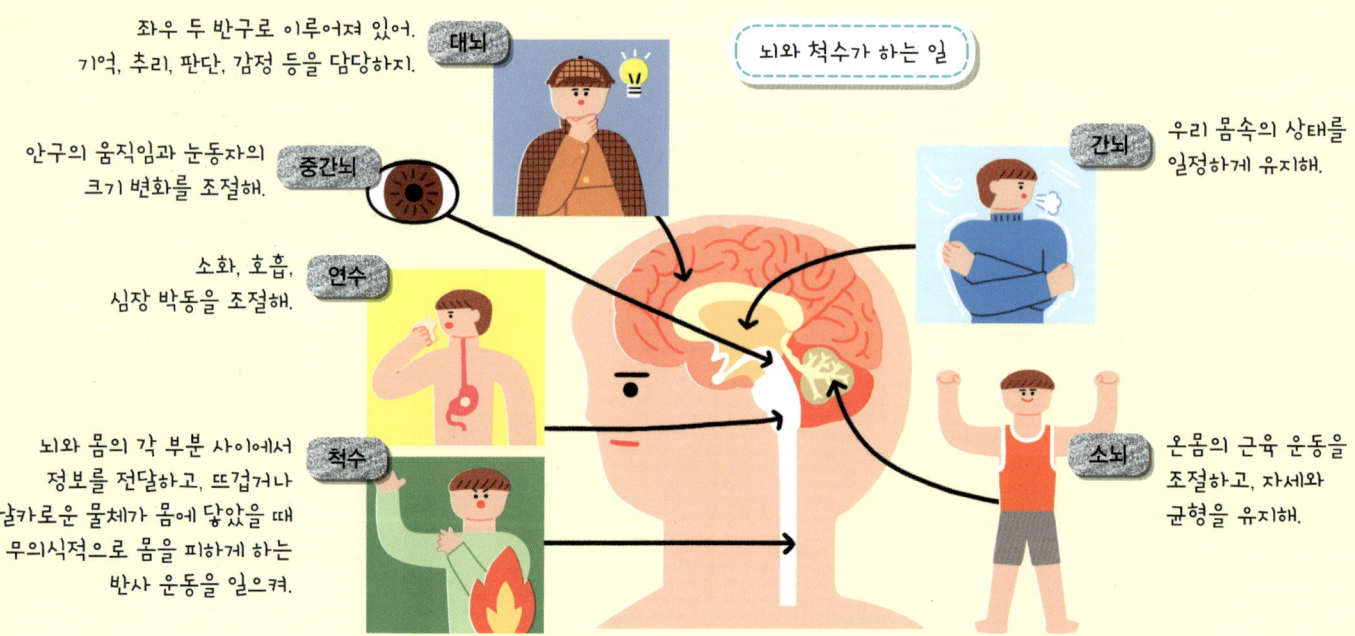

뇌와 척수가 하는 일

어떻게 신호를 전할까?

신경 세포들은 끊임없이 우리 몸의 이곳저곳으로 신호를 보내고 있어.
신경 신호는 고속 열차만큼이나 빠른 속도로 우리 몸속을 움직이지.
우리가 친구 얼굴을 알아보고 손을 흔드는 데에는 1초도 걸리지 않아.
그런데 이렇게 단순한 일에도 수많은 신경 세포의 신경 신호가 필요해.
이때 한 신경 세포 내에서 한쪽 끝에서 반대편 끝으로
전달되는 것은 전기 신호야.
신경은 전기 신호를 단 몇 밀리초(1초의 1/1000) 만에 온몸으로 전달한다고 해.
하지만 한 신경 세포에서 다음 신경 세포로 신호를 전하는 것은 화학 물질이야.
바로 **신경 전달 물질**이지(16쪽 참고).

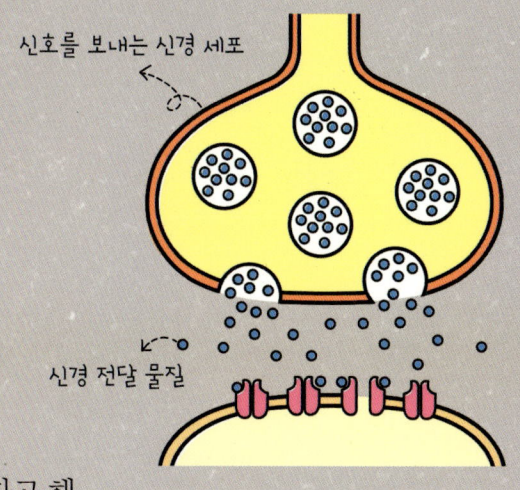

신호를 보내는 신경 세포

신경 전달 물질

신호를 받는 신경 세포

 신경계의 중심을 이루는 것은 뇌와 척수야. 대뇌, 소뇌, 간뇌, 중간뇌, 연수 등 여러 뇌가 모여서 사람의 뇌를 이루지. 뇌는 신경 세포 덕분에 다양한 일을 할 수 있어. 신경 세포는 온몸으로 신경 신호를 보내서 자극을 전달하는데, 신경 신호의 전달은 신경 전달 물질 덕분에 가능해.

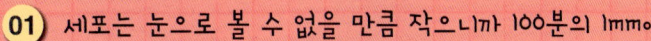

미니퀴즈 궁금증 더하기   **우리 몸에서 가장 긴 세포는 무엇일까?**

우리 몸에서 가장 긴 세포는 신경 세포야. 그렇다면 그 길이는 얼마나 될까?

- 01. 세포는 눈으로 볼 수 없을 만큼 작으니까 100분의 1mm야.
- 02. 신경 세포는 길다고 했으니까 1mm야.
- 03. 그보다는 좀 더 길어서 1cm야.
- 04. 10cm는 되어야 길다고 할 수 있지.
- 05. 1m는 되어야지.

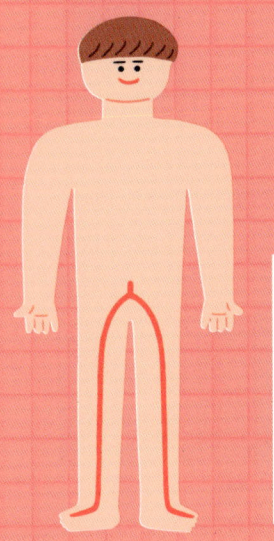

정답 · 05

사람 몸에서 가장 긴 신경 세포는 척수에서 발가락까지 이어진 것으로 길이 1m가 넘는 것도 있어. 하지만 너무 가늘어서 눈으로 볼 수는 없지.

초콜릿 좋아해?

초6 우리 몸의 구조와 기능
중3 자극과 반응 – 신경

포장지를 벗길 때 풍기는 초콜릿 냄새
생각만 해도 기분 좋아.
쌉쌀하면서도 달콤한 맛은 또 어떻고!
판 모양으로 뚝뚝 잘라 먹는 초콜릿도 좋고
동그랗게 모양을 만든 초콜릿도 좋고
과자나 견과류에 초콜릿을 입힌 것도 좋지만,
난 초콜릿이 들어간 케이크가 제일 좋아.
밥 한 그릇, 국 한 그릇을 다 먹고도
초콜릿 케이크 먹을 배는 남아 있다니까.
그런데 말이야, 초콜릿을 먹으면
왜 그렇게 기분이 좋아지는 걸까?

초콜릿은 무엇으로 만들까?

초콜릿은 무엇으로 만들길래 그렇게 달콤 쌉싸래하고 입안에서 살살 녹을까?
초콜릿에 뭐가 들었는지 알려면 우선 *카카오가 무엇인지 알아야 해.
카카오는 원래 열대 지방에서 자라는 나무 이름인데, 그 열매도 카카오라고 하지.
심지어 그 열매 속에 들어 있는 씨도 카카오라고 해.
카카오 씨를 카카오 콩이라고 하는 사람도 있지만,
카카오나무는 콩과 식물이 아니니 콩이라는 말은 적당하지 않아.
암튼 초콜릿은 볶은 카카오 씨를 갈아 만든 반죽에 설탕이나 우유 등을 섞어서 만들어.
카카오 반죽에서 기름을 빼고 빻아서 만든 가루를 코코아라고 하지.

> **카카오**
> 카카오나무는 cacao, 메신저로 유명한 회사 이름은 kakao, 달라!

초콜릿의 원료는 나, 카카오!

이제 초콜릿이 왜 달콤한지 알았지?

설탕이 들었기 때문이야.
초콜릿을 먹고 힘이 나는 건 설탕물을 마신 후에 힘이 나는 것과 같아.
당분이 빠르게 흡수되어 우리 몸에 필요한 에너지를 주기 때문이지.

불끈불끈 힘이 솟아나!

초콜릿에 든 설탕 때문이군!

초콜릿을 먹으면 힘이 나서 기분이 좋아지는 걸까?

그것도 틀린 말은 아니야. 배가 고프면 기분이 나쁘잖아!
하지만 또 다른 이유가 있어. 초콜릿을 먹으면 스트레스가 풀린다는 거야. 어떤 과학자는 30명에게
2주 동안 매일 다크 초콜릿을 40g씩 먹게 했대. 그리고 수시로 사람들의 혈액과 오줌을 채취해서
성분 분석을 했지. 그 결과 초콜릿을 먹기 시작하면서 사람들의 스트레스 호르몬이 감소하고
2주가 지났을 때는 스트레스 호르몬이 절반 이하로 줄어들었대.
초콜릿이 뇌를 자극해서 기분이 좋아지는 물질을 많이 만들기 때문일 거야.
매운 음식도 초콜릿과 비슷한 작용을 하는데 너무 매운 음식을 먹으면
배탈이 나서 오히려 스트레스가 더 심해질 수도 있으니 조심해야 해.

사랑하면 예뻐 보이고 멋있어 보이지?

누군가를 아주 많이 사랑하면 그 사람의 모든 게 좋아 보여.
사랑에 빠지면 평소에 싫어하던 점들도 이상하게 좋아 보이지.
그게 다 **신경 전달 물질**인 **페닐에틸아민**이 뇌에서 분비되기 때문이래.
우리 몸의 신경계는 신경 세포라는 특수한 세포로 이루어져 있는 거 알지?
신경 세포들은 신경 전달 물질을 방출해서 이웃 신경 세포나 근육으로 정보를 전달해.
사랑의 물질이라고 불리는 페닐에틸아민이 이성을 마비시키는 거야.
그런데 초콜릿에는 페닐에틸아민이 많이 들어 있어.
초콜릿을 먹는다고 해서 그 속의 페닐에틸아민이 바로 뇌로 가는 건 아니지만……
좋아하는 사람에게 초콜릿을 선물하는 것은
우연의 일치라 해도 꽤 그럴듯해 보여.

물질이 감정을 지배한다니 기분이 나쁘다고?

사실인 걸 어쩌겠어. 그래서 우울증 같은 병을 약으로 치료하는 거야. **세로토닌** 같은 신경 전달 물질이 적게 분비되는 것도 우울증의 원인이 될 수 있어. 이 물질이 행복감을 줄 수 있거든. 그래서 우울증 환자에게 세로토닌 등의 신경 전달 물질이 잘 분비되도록 하는 약을 처방하기도 해. 좋은 감정을 느끼고 싶다면 초콜릿을 먹어 봐. 기분이 좋아질 거야.

키노트
신경 세포들은 신경 전달 물질을 방출해서 이웃 신경 세포나 근육으로 정보를 전달하지. 페닐에틸아민과 세로토닌 같은 신경 전달 물질은 사람의 감정을 지배해. 이 물질이 적게 분비되면 병에 걸릴 수도 있어.

미니퀴즈 궁금증 더하기

에피네프린이 분비될 때 무슨 일이 일어날까?

페닐에틸아민과 느낌은 전혀 다르지만, 싸우거나 도망칠 때는 에피네프린 (아드레날린이라고도 해)이라는 신경 전달 물질이 분비돼. 에피네프린이 분비될 때 일어나는 일이 아닌 것을 찾아봐.

- 01 눈동자가 커진다.
- 02 심장이 빨리 뛴다.
- 03 소화가 잘된다.

정답 · 03

싸우거나 도망칠 때는 침이 마르고 소화가 잘 안 돼. 소화관에 있던 혈액이 심장과 뇌, 근육으로 가서 힘을 쓰도록 하려는 거야.

포도는 왜 불어난 걸까?

초6 우리 몸의 구조와 기능
중2 동물과 에너지 - 소화

지난 주말, 우리 가족은 포도 농장에 다녀왔어.
우린 포도나무에서 포도를 따는 체험 활동을 하고
직접 따 온 포도를 한쪽에 마련된 탁자에서
맛있게 먹었지.
일은 집으로 돌아오는 길에 터졌어.
길이 막히면서 속이 점점 안 좋아져서 난 차를
세워 달라고 하고 풀밭에서 웩웩 토했어.
그런데 입에서 나온 것이 내가 먹은 포도보다
훨씬 더 많더라니까.
위에 들어간 포도는 왜 그렇게 불어난 걸까?

왜 그렇게 많을까? 왜 그렇게 끈적끈적할까?

'어! 왜 이렇게 끝도 없이 계속 나오지? 내가 이렇게 많이 먹었나?'
사람들은 토하면서 이런 생각을 하는데, 여기에는 다 이유가 있어.
포도 먹고 토한 것에는 우리가 씹어 삼킨 포도에 다른 물질들이 섞여 있거든.
그것은 바로 위에서 분비되는 소화액인 **위액**
그리고 위 안쪽 면에 끈적끈적하게 달라붙어 위를 보호하는 **점액**이야.
위는 소화를 담당하는 소화 기관이야. 강한 산성인 위액은 단백질을 녹여서 분해하는 작용을 해.
문제는 위의 벽을 이루는 근육도 단백질로 이루어져 있다는 거야.
위액이 위벽을 녹여 버려서 위에 구멍이 뚫리면 정말 큰일이 나겠지?
그러지 말라고 아주 끈끈한 점액이 위 안쪽 표면을 덮어서 보호하고 있어.
그런데 토할 때는 위벽이 자극을 받아 평소보다 점액이 더 많이 나오고,
그 결과 평소 위 안에 있던 것보다 더 많은, 더 끈끈한 물질을 내보내게 돼.
거기에다 토할 때의 자극 때문에 침도 많이 나오거든. 그래서 토하는 물질이 더 많아지지.

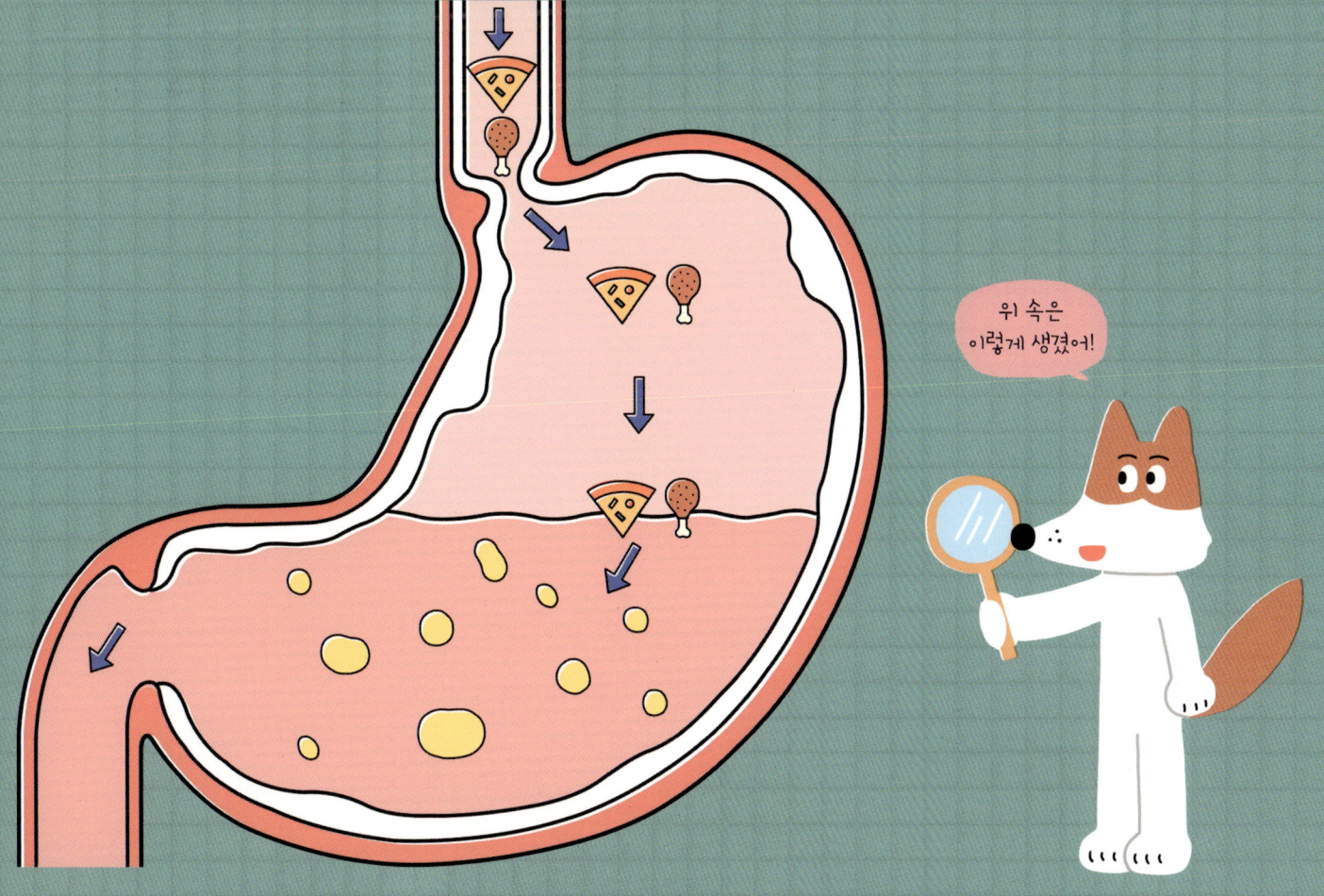

위 속은 이렇게 생겼어!

토하는 이유는 여러 가지가 있어

상한 음식이나 독성 물질을 먹었을 때,
차멀미나 놀이 기구 멀미 등으로 신경 신호가
혼란에 빠졌을 때, 역겨운 냄새나 장면 때문에 괴로울 때,
너무 많이 먹거나 마셨을 때 토해.
이런 반응은 모두 자신을 보호하려는 거야.
토하는 게 그렇게 나쁜 일만은
아니라는 뜻이지.

토한 뒤에는 왜 목구멍이 아플까?

토한 뒤에 목구멍이 아프고 입안이 얼얼한 것은
위액에 포함된 산성 물질 때문이야.
위액에는 해로운 세균을 죽이고 위액의 소화 작용을 돕는
염산이 들어 있어. 염산은 금속을 녹일 만큼 강력하지만
위액의 다른 성분, 음식물과 섞여서 덜 위험하지.
하지만 자주 토하면 식도와 목구멍, 입안, 콧속이 자극을 받아 상할 수 있어.
정말 위험한 물질을 삼킨 게 아니라면, 일부러 토하면 안 된다는 거야.

속이 뒤집어지면 어쩌지?

걱정하지 마. 아무리 심하게 토해도 속이 뒤집어지는 일은 없으니까.
우리가 토하는 동안에도 내장 기관이 뒤죽박죽되거나 뒤집히는 일은 없어.
소화 기관들이 평소와 다르게 움직이면서 속에 있어야 할 것들이 밖으로 튀어나올 뿐이지.
그렇다면 평소에, 그러니까 토하지 않을 때 위와 같은 소화 기관은 무슨 일을 할까?

화학적 소화와 기계적 소화가 일어나

소화 기관이 하는 일은 화학적 소화와 기계적 소화, 이렇게 두 가지로 나눌 수 있어. **화학적 소화**는 위액과 같은 소화액이 음식물 속 큰 분자를 작은 분자로 자르는 일이야. 단백질 같은 *큰 분자는 우리 몸을 이루는 세포 속으로 스며들 수가 없거든. 소화액에 포함된 화학 물질의 작용으로 잘게 잘라야 우리 몸에서 사용할 수 있지. 위벽에 있는 수백만 개나 되는 작은 구멍들은 필요할 때마다 위액을 내뿜어. 화학 물질을 내뿜는 기계라니, 정말 멋지지? **기계적 소화**는 화학적 소화가 잘 일어나도록 음식물을 부수고 소화액과 섞어 주는 일이야. 위는 꿈틀꿈틀 운동하는 많은 근육으로 이루어진 튼튼한 기계이기도 해. 그 근육들이 음식물을 쥐어짰다 비틀었다 풀어 주었다 하면서 기계적 소화를 하지. 그래서 위가 약해서 소화가 잘 안 되고 자주 탈이 나는 사람들은 음식물을 여러 번 씹어서 아주 잘게 잘라 삼키는 습관을 들이면 좋아. 위가 부담을 덜 받도록!

> **큰 분자**
> 분자는 물질의 화학적 성질을 그대로 가진 가장 작은 알갱이야. 보통 2개 이상의 원자로 이루어져 있지. 원자 수가 적으면 작은 분자, 많으면 큰 분자라고 할 수 있는데, 단백질, 녹말, 지방은 작은 분자로 잘려서 우리 몸에 흡수돼.

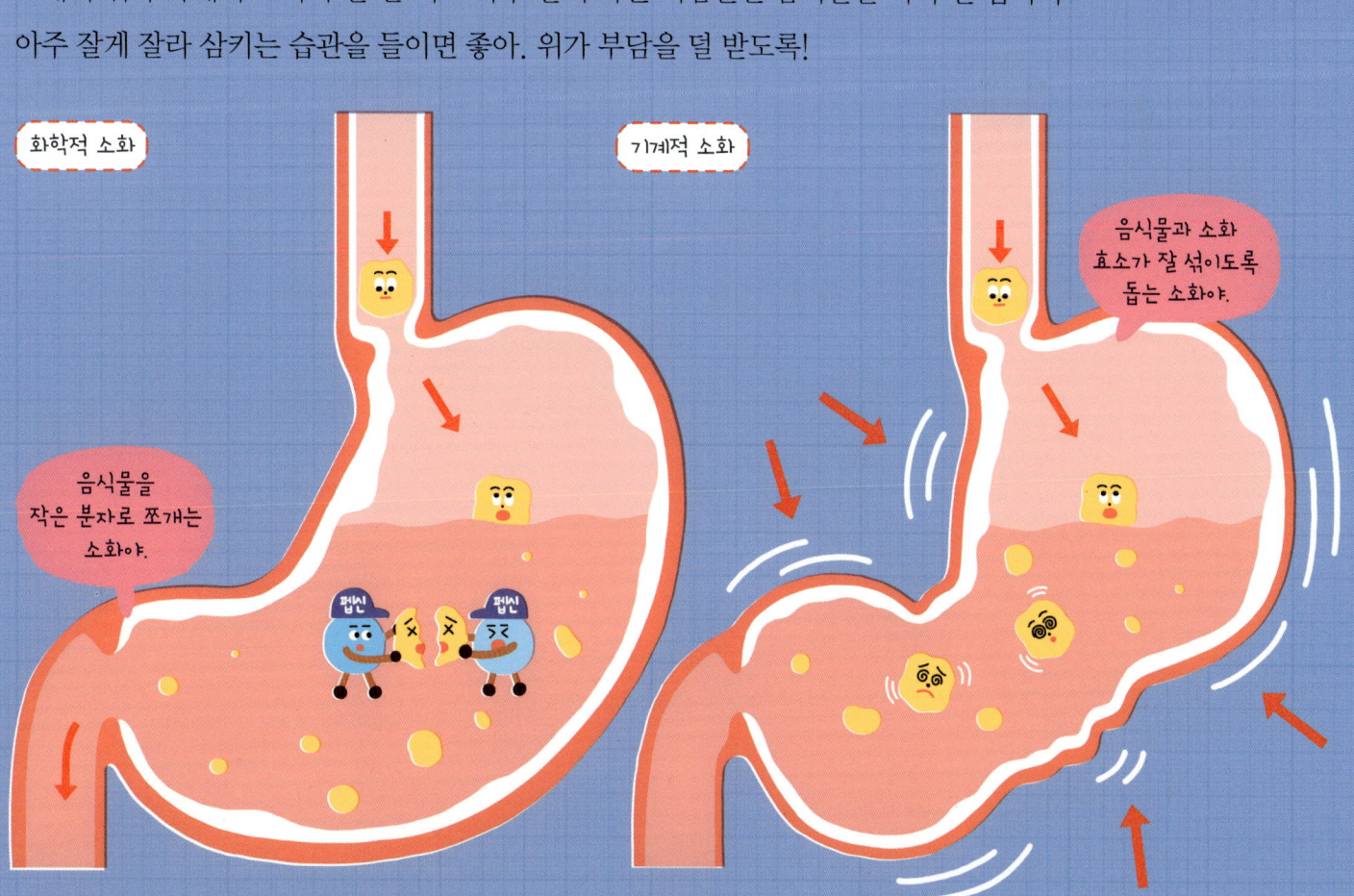

아기들은 토쟁이?

토하는 것을 좋아하는 사람이 있을까? 아마 없을 거야.
내가 토하는 것도 괴롭지만, 남이 토하는 걸 지켜보는 것도 참 괴롭지.
토하는 모습을 보다가 마음의 평화가 깨지면 나도 따라서 같이 토하게 되잖아!
그런데 우리도 정말 자주 토하던 시절이 있었어. 갓난아이 적이지.
사람 위는 제이(J) 자 모양으로 휘어 있는 주머니 모양이야.
음식물이 식도에서 위로 들어가는 입구인 들문에는 고리 모양 근육이 있어.
위의 음식물이 식도로 올라오지 않도록 입구를 조여 주어서 **조임근**이라고 하지.
작은창자(소장)로 음식물을 내보내는 날문에도 이런 조임근이 있어.
그런데 갓난아기들은 식도는 짧고, 위는 덜 휘어 있고, 조임근은 덜 발달했어.
그래서 조금만 많이 먹거나 젖을 먹으면서 공기를 삼키거나 하면 쉽게 토하는 거야.
갓난아기 적 우리 대부분은 하루나 이틀에 한 번씩 토하면서 지냈어.
그리고 그걸 다 지켜봐 주고 치워 준 누군가가 있었지.
그게 사랑이 아니면 뭐겠어?

키노트: 위는 근육으로 이루어진 소화 기관으로 제이(J) 자 모양이야. 소화는 소화액의 화학 작용으로 일어나는 화학적 소화와 음식물을 부수고 소화액과 섞어 주는 기계적 소화가 있어. 위액은 강한 산성으로 단백질을 분해하고, 점액은 위액으로부터 위를 보호해.

미니퀴즈 궁금증 더하기 배 속에서 나는 꼬르륵 소리의 정체는 무엇일까?

01 배 속의 요정이 배가 고프다고 소리 지르는 거야.

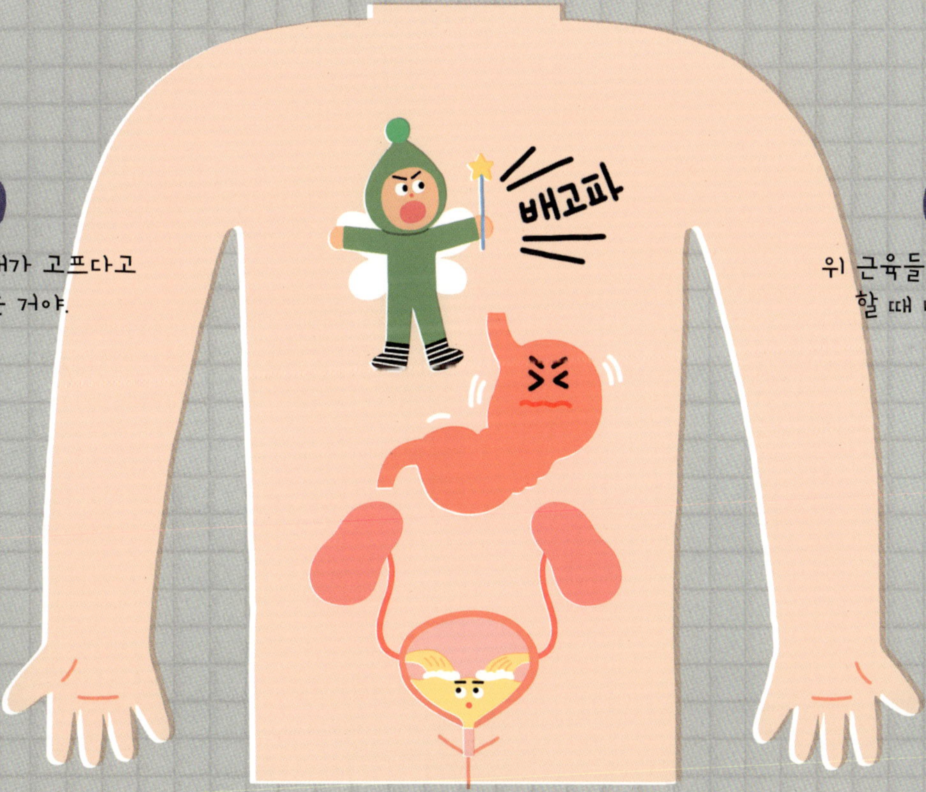

배고파

02 위 근육들이 꿈틀 운동을 할 때 나는 소리야.

03 몸속에서 만들어진 오줌이 흘러가면서 나는 소리야.

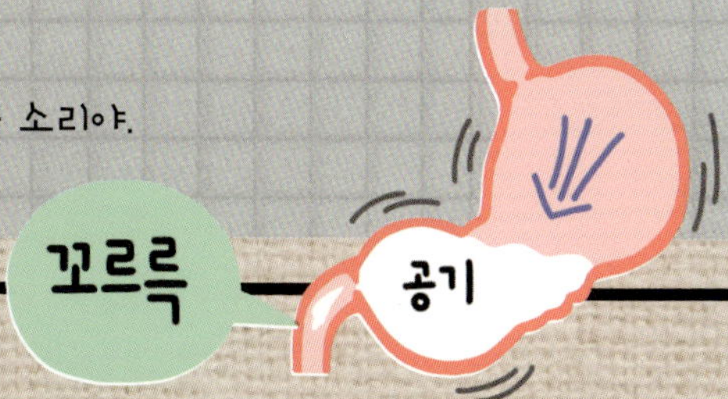

꼬르륵 공기

정답 · 02

위 근육이 꿈틀 운동을 하면서 날문을 통해 작은창자(소장)로 음식물을 내보낼 때 꼬르륵 소리가 나는데, 속이 비면 그 소리가 더 크게 울려.

23

코딱지 먹어 본 적 있니?

초 6	우리 몸의 구조와 기능
중 2	동물과 에너지 – 호흡
중 3	자극과 반응 – 감각

난 코딱지 파는 게 왜 그렇게 좋은지 모르겠어.
콧속에 코딱지가 붙어서 갑갑한 느낌이 들면
얼른 파내고 싶어서 참을 수가 없거든.
잠자리에 누워 잠이 솔솔 올 때는
코딱지를 파낸 다음 동그랗게 돌돌 굴리는 거야.
그러고는 톡! 알지?
엄마는 내가 코딱지를 팔 때마다 놀리셔.
내가 아기 적에 코딱지를 파서 먹었다는 거야.
물론, 맛이 기억나지는 않아.
코딱지는 무슨 맛일까? 짭조름할까?

털털한 코!

어떤 사람들 코에는 굵은 코털이 삐죽삐죽 튀어나온 것을 볼 수 있어.
작은 가위나 코털 정리기를 써서 주기적으로 코털을 잘라 내는 사람도 많아.
코털을 아름답다고 느끼는 사람은 그리 많지 않으니까.
코털은 무슨 일을 하는 걸까? 코털은 공기 정화기 속에 있는
필터와 비슷한 일을 하고 있어. 공기 중의 크고 작은 먼지,
꽃가루 같은 것들이 코털에 걸려서 폐로 들어가지 않는 거야.

필터 성능은 언제가 더 좋을까?

코털이 바싹 말라 있을 때? 아니면 촉촉하게 젖어 있을 때?
먼지 있는 곳을 물걸레로 닦으면 먼지가 잘 달라붙어서 쉽게 닦아 낼 수 있잖아?
코털과 콧속에도 비슷한 일이 일어나고 있어. 끈적끈적한 콧물이 조금씩 흘러나와서
코털과 살갗을 감싸고 있거든. 그래서 우리가 숨 쉴 때마다 먼지 같은 것들이 콧물에 붙잡혀
진득진득한 물질이 생기지. 이 물질이 점점 많아지고 엉겨 붙어서 덩어리를 이루고 말라붙으면?
그래, 코딱지가 되는 거야! 건조한 날에는 마른 코딱지가, 습한 날에는 촉촉한 코딱지가 생기기 쉬워.
코딱지는 결국 오염된 콧물이 모인 거야. 신경 써야 할 것은 오염이란 단어지.
코딱지에는 먼지와 함께 세균도 많이 있을 거란 뜻이야. 그러니 먹는 건 삼가야겠지.
그리고 코를 판 다음에는 손을 꼭 잘 씻어야 해.

콧구멍 속에는 뭐가 있을까?

묘기로 콧구멍에 동전을 집어넣는 사람도 있지만, 겉에서 본 콧구멍 속 공간은 그리 넓을 것 같지 않아. 그 공간을 **코안**(한자로는 비강)이라고 하는데, 겉보기보다 꽤 넓고 복잡해. 콧구멍 바로 안쪽에 있어서 우리 손가락이 쉽게 닿는 부분을 **코안뜰**이라고 하지.
코 안쪽에 뜰이 있다니! 참 예쁜 이름이지?
코안뜰은 보통 피부로 덮여 있어.
그래서 털도 나고 땀샘과 피지샘도 있고, 색깔도 보통 피부와 같지.
하지만 코안뜰에서 더 들어간 곳의 표면은 훨씬 더 보드랍고 끈끈한 것으로 덮여 있어. 미끌미끌하고 색깔도 분홍색이라 보통 피부와는 달라.
이 부드럽고 끈끈한 막을 **점막**이라고 해.
점액(19쪽 참고)이라는 액체를 내보내는 곳이지.

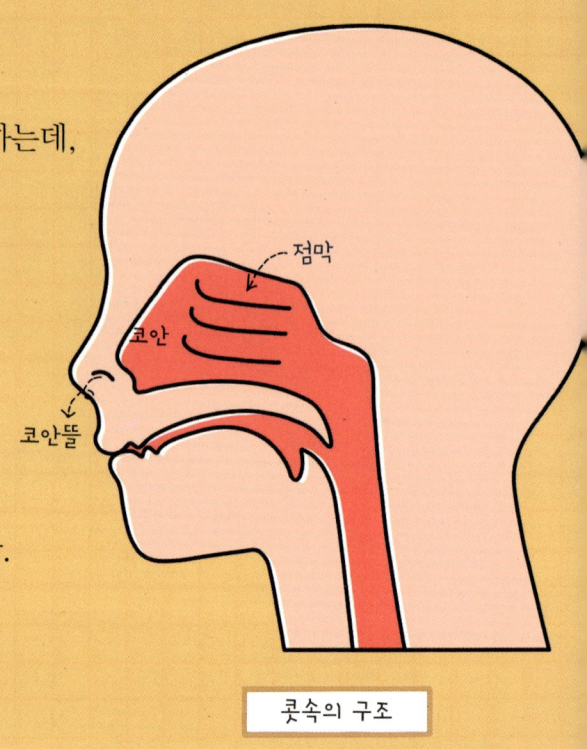

콧속의 구조

점막이 궁금해?

점막은 콧구멍 속에 빛을 비추고 들여다보지 않고도 쉽게 관찰할 수 있어. 우선 거울을 들고 입을 크게 벌리면 되거든! 거울을 통해 입안 표면을 봐. 다른 피부와 색깔도 감촉도 다르고 털도 없지. 입안은 물론 콧속, 위, 창자, 호흡 기관 속 공간을 덮고 있는 부드럽고 끈끈한 막이 점막이야. 위치에 따라 조금씩 다르지만, 점막은 몇 층으로 되어 있어. 가장 위쪽 층을 **점막 상피**라고 하지. 점막 상피 곳곳에는 **술잔 세포**가 있어. 술잔 세포는 점액을 내보내서 상피를 촉촉하게 덮어 보호해. 입안에 생긴 상처가 빨리 낫는 것도 점막의 보호 덕분이야.

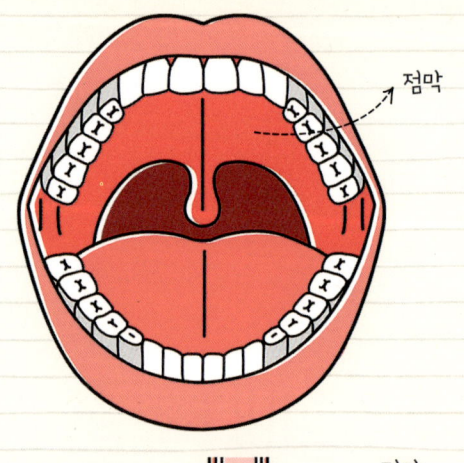

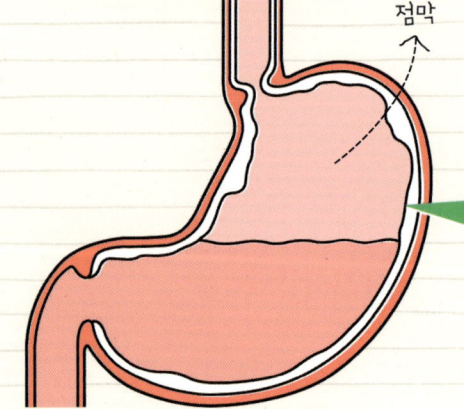

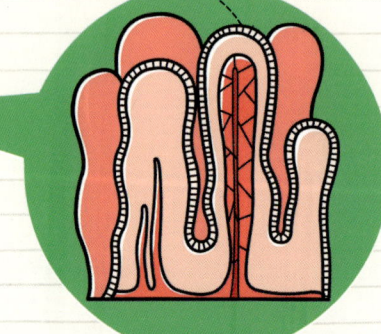

콧속에 선반과 동굴이 있다고?

언뜻 생각해 보면 코 안쪽 공간은 가운데 벽 양옆에
굵고 짧은 빨대 2개가 붙어 있는 단순한 구조일 것 같아.
하지만 실제로는 울퉁불퉁 튀어나온 부분과 동굴처럼 깊게
파인 곳들이 있어. 튀어나온 곳들을 **코선반**(한자로는 비갑개)
이라고 하는데, 코안 양쪽 벽에 조개처럼 생긴 것들이
3개씩 튀어나와 있지. 각각 위코선반, 중간코선반,
아래코선반이야. 한편 코안 공간에 연결되어 동굴처럼 파인
곳들을 **코곁굴**(한자로는 부비동)이라고 해. 코곁굴에는
네 종류가 있는데, 가장 큰 것이 양쪽 뺨 안에 있는 위턱굴이야.

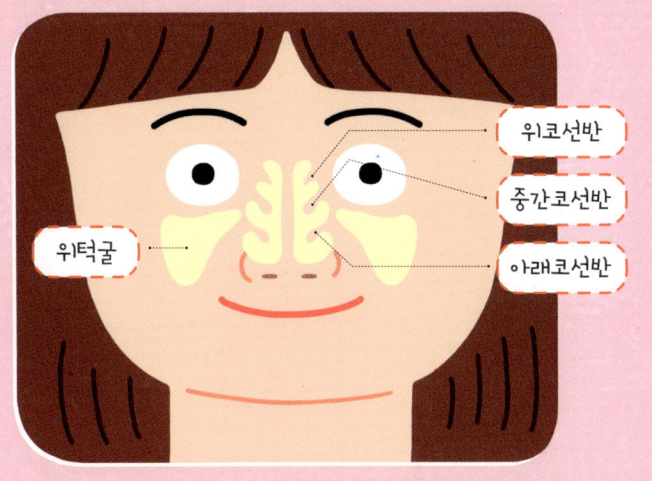

코선반과 코곁굴의 구조

콧속 선반과 동굴들은 무슨 일을 할까?

우리가 들이마신 공기가 휙휙 곧바로 들어가면 호흡기에 부담이 될 수 있어.
하지만 코선반과 코곁굴이 이루는 복잡한 공간 덕분에 밖에서 들어오는 찬 공기는 데워지고
건조한 공기는 촉촉해지지. 공기에 포함된 해로운 것들이 코안 점막에 붙잡혀서
처리되기도 해. 또한, 코곁굴은 머리가 너무 무거워지지 않도록 하고,
말하거나 노래 부를 때 공명을 일으켜서 좋은 소리가 나도록 해.

어떻게 냄새를 맡을까?

우리가 냄새를 맡을 수 있는 것은 기체 물질이 있다는 뜻이야.
콧구멍으로 들이마신 공기에 실린 기체 물질이 콧속 천장에 도착했다는 뜻이지.
콧속 천장에 있는 **후각 상피**는 냄새 자극을 받아들이는 곳이야.
엄지손톱만 한 후각 상피에는 수천만 개의 **후각 세포**가 퍼져 있어.
기체 물질을 받아들여 흥분한 후각 세포는 **후각 신경**을 통해 대뇌로 자극을 전달하고,
대뇌에서는 받아들인 신호를 해석해서 무슨 냄새인지 알아채지.

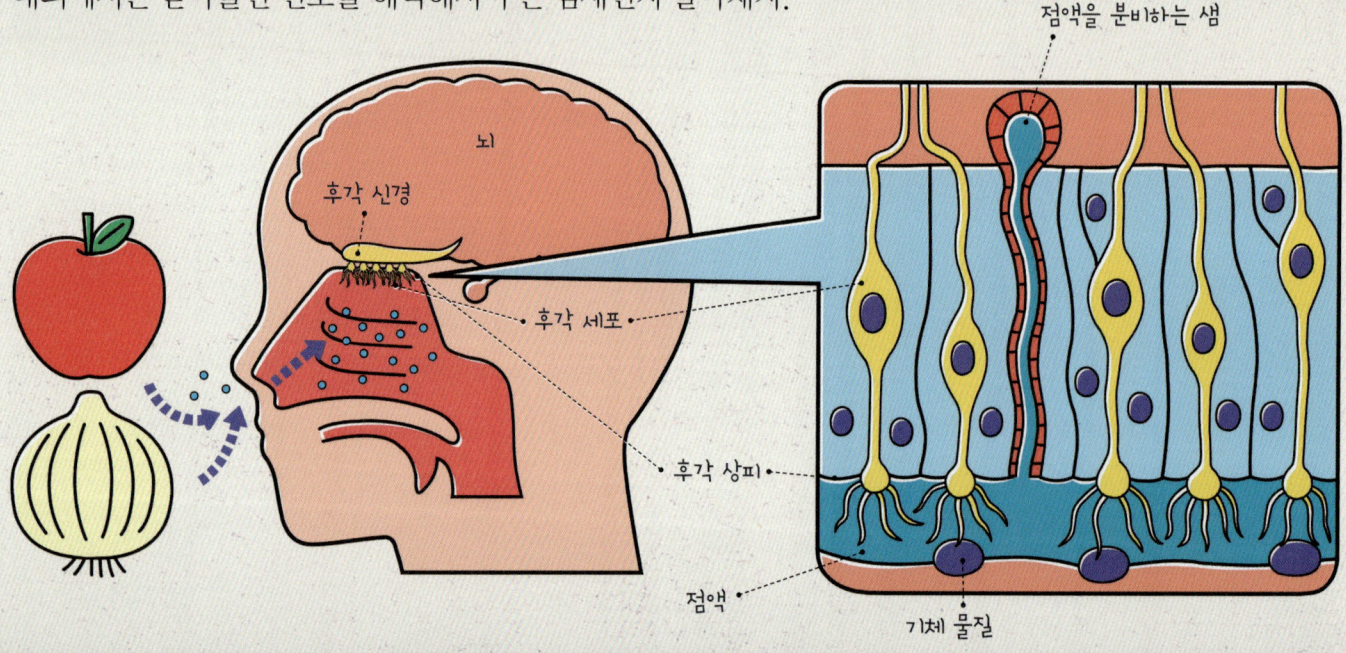

사과와 양파를 구별할 수 있을까?

사과와 양파를 잘라서 준비한 다음 친구들과 실험을 해 봐.
눈을 가린 채 코를 막고 사과와 양파 조각을 먹은 다음 사과인지,
양파인지 알아맞히는 거지. 아마 어느 게 사과이고
어느 게 양파인지 알아맞히기 힘들 거야. 왜냐고?
우리가 아는 음식 맛은 혀로 느끼는 맛과 코로 느끼는 냄새가
합쳐진 것이기 때문이지. 감기에 걸려서 코가 막히면 음식 맛을
잘 느끼지 못하는 것도 같은 이유에서야.

키노트 코안은 점막과 점액으로 뒤덮여 있어서 해로운 것이 몸 안으로 들어오는 것을 막을 수 있어. 또한, 코안에는 코선반과 코곁굴이 있어서 공기를 촉촉하고 따뜻하게 하고, 좋은 소리가 나게 해 줘. 우리가 냄새를 느끼는 것은 후각 세포가 냄새 자극을 받아 후각 신경을 통해 대뇌로 신호를 보내기 때문이야.

미니퀴즈 궁금증 더하기

코는 무슨 일을 할까?

우리 얼굴에 코가 없다고 생각해 봐. 얼굴이 너무 밋밋해. 코는 얼굴 가운데 우뚝 솟아서 여러 가지 멋진 일을 하지. 코가 하는 일을 찾아보자.

01 코로 좋은 냄새를 맡을 수 있어.

02 코가 있어서 음식의 맛을 알 수 있어.

03 코로 좋지 않은 냄새를 맡아 위험을 피할 수 있어.

04 숨을 들이쉴 때 코에서 우리 몸에 해로운 것들을 걸러 내.

05 밖의 찬 공기가 우리 몸으로 들어갈 때 코를 통과하면서 따뜻해져.

06 코는 우리 인생을 즐겁게 해 줘.

정답 6가지 모두 코가 하는 일이야.

오줌 색이 왜 이럴까?

초6 우리 몸의 구조와 기능

중2 동물과 에너지 - 배설

쉬는 시간에 화장실에 가서 오줌을 누었지.
그런데 오줌을 누던 나는 깜짝 놀라고 말았어.
'앗, 오줌 색깔이 왜 이래? 분홍색이라니!'
덜컥 겁이 나서 선생님에게 여쭤 봤어.
선생님은 별일 아니라는 듯이 웃으시면서
엊저녁이나 아침에 과일이나 채소를 많이
먹었느냐고 물어보셨지.
아침에 블루베리를 잔뜩 먹고 온 게 생각났어.
그런데 블루베리를 많이 먹어서 분홍색 오줌을
누었다면 오이를 많이 먹으면 연두색 오줌을
누게 되는 걸까?

오줌 지린내는 진짜 오줌 냄새가 아니다?

깨끗한 화장실에서 오줌을 누는 동안에는 심한 지린내를 맡은 적이 없을 거야.
하지만 청소가 잘 안 된 화장실은 근처에만 가도 지린내가 코를 찔러.
어느 쪽이 진짜 오줌 냄새일까?
궁금하면 지금 당장 오줌을 받아서 바로 냄새를 맡아 봐.
그러면 알 수 있을 거야. 오줌에서 코를 찌르는 지린내가 아니라
약간 구수한 냄새가 난다는 걸. 물을 안 마셔서
오줌이 너무 진하면 살짝 지린내가 날 수도
있어. 그렇지만 우리 몸을 빠져나오는 순간,
오줌은 아주아주 깨끗해. 병에 걸린 사람의
오줌이 아니라면,
세균이 전혀 없다는 뜻이야.
그래서 옛날에는 오줌을 소독제나
세척제로 사용하기도 했대.

오줌의 성분은 무엇일까?

오줌에 가장 많이 포함된 것은 물이야. 그다음으로 많은 것이 **요소**지.
요소라는 말은 오줌(요)의 바탕이 되는 성분(소)이라는 뜻이야.
오줌의 성분이 어떻게 만들어지는가는 조금 복잡한 이야기를 따라가야 알 수 있어.
우리 몸의 모든 세포는 살아 있는 동안 끊임없이 영양소를 써서 에너지를 얻는데,
그 결과 모든 세포에서는 끊임없이 물과 이산화 탄소, 암모니아가 만들어져.
물은 독성이 없고 우리 몸속에서 쓰일 수 있으니 문제가 되지 않아.
하지만 이산화 탄소와 암모니아 같은 노폐물은
바로바로 밖으로 내보내야 해.
특히 암모니아는 너무 독성이
강해서 독성을 줄여서 내보내야 하지.
암모니아의 독성을 줄여서 만든 물질이
바로 요소야.

화장실 오줌 지린내의 정체는?

제대로 청소하지 않은 화장실에는 여기저기 오줌이 튀어 있어.

그 오줌에 들어 있던 요소는 공기 중에서 세균을 만나 암모니아로 변하지.

불쾌한 오줌 지린내는 이 암모니아 때문에 나는 냄새야.

암모니아는 독성이 강한 만큼 코를 찌르는 지독한 냄새가 나거든.

오줌 색깔로 알 수 있는 것은?

건강한 사람의 오줌은 투명한 노란색을 띠는데,

물을 많이 마시면 오줌 색이 옅어지고 물이 부족하면 진해져.

색소가 많이 포함된 과채류나 비타민제를 먹으면 색이 짙어지거나 변하기도 해.

그래서 블루베리를 많이 먹으면 오줌 색에 나타날 수 있지.

하지만 우리가 먹은 모든 음식물 색이 그대로 오줌 색으로 나타나는 것은 아니야.

오이를 많이 먹는다고 해서 연두색 오줌을 누는 건 아니라는 뜻이지.

만일 색소가 많이 포함된 음식을 먹지 않았는데도 빨간색이나

적갈색 오줌이 나온다면 질병이 의심되니 반드시 병원에 가서 확인해야 해.

추울 때는 왜 자주 오줌이 마려울까?

우리는 더운 여름보다 추운 겨울에 화장실을 더 자주 가는 경향이 있어.
추운 날 물을 더 많이 마시는 것도 아닌데 왜 그런 걸까?
우리 몸에는 **콩팥**(신장)이라는 배설 기관이 있어.
우리 몸 곳곳에서 생긴 암모니아는 혈액을 따라 돌다가 간에서 요소로 변해.
이 요소는 다시 혈액을 따라 돌다가 콩팥으로 가지.
콩팥은 혈액에 있는 노폐물(요소)을 걸러 내 오줌을 만들고, 이 오줌은 **오줌관**을 타고 내려가서 **방광**에 저장돼. 방광에 모인 오줌은 **요도**를 통해 몸 밖으로 나가.
날씨가 추워지면 우리 몸은 어떻게든 밖으로 열을 빼앗기지 않으려고 해.
그래서 피부 근처의 혈관을 수축시켜 몸 표면으로 혈액이 조금만 지나가도록 하지.
혈액의 양이 그대로인데 혈관이 수축하면 혈압은 높아질 수밖에 없어.
혈압이 높아지면 콩팥은 혈액을 쭉쭉 짜내서 더 많은 양의 오줌을 만들지.
그래서 추운 날 오줌이 더 자주 마려운 거야.

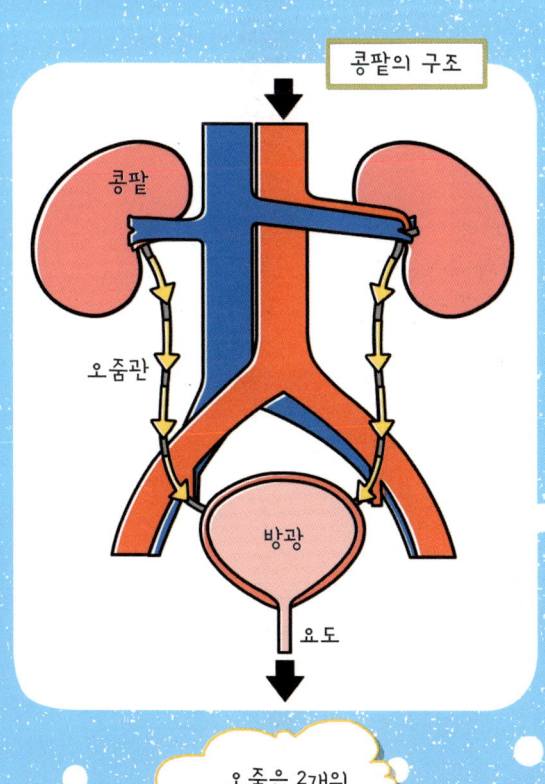

오줌은 2개의 콩팥과 2개의 오줌관 그리고 방광, 요도를 거쳐 나와.

벌써 몇 번째야.

땀샘은 또 하나의 배설 기관이다!

오줌의 가장 중요한 기능은 요소라는 노폐물을 몸 밖으로 내보내는 거야.
이렇듯 혈액에 포함된 노폐물을 걸러 내어 몸 밖으로 내보내는 일을 **배설**이라고 해.
암모니아보다는 약하지만, 요소에도 독성이 있어.
그래서 콩팥이 기능을 못 하면 인공 콩팥으로 혈액에서 노폐물을 걸러 내야 해.
우리 몸에는 요소를 걸러서 내보내는 또 다른 곳이 있어. 바로 **땀샘**이야.
좀 더 묽기는 하지만, 땀에는 오줌과 비슷한 성분들이 들어 있지.
혈액에 포함된 물, 요소, 소금 등이 땀샘을 통해 걸러 나온 것이 땀이거든.
땀은 노폐물을 버리는 기능과 함께 체온 조절 기능도 해.
더운 여름날, 비 오듯이 흐르는 땀은 우리 몸을 식혀서 체온이
올라가지 않도록 하지.

키노트

혈액에 포함된 요소를 걸러 내어 몸 밖으로 내보내는 일을 배설이라고 해.
요소는 암모니아의 독성을 줄여서 만든 물질로 콩팥은 혈액에 있는 요소를 걸러 내 오줌을 만들지. 땀샘도 혈액에 포함된 물, 요소, 소금 등을 땀으로 내보내는 배설 기관이야.

미니퀴즈 궁금증 더하기

배설계에서 가장 중요한 기관은 무엇일까?

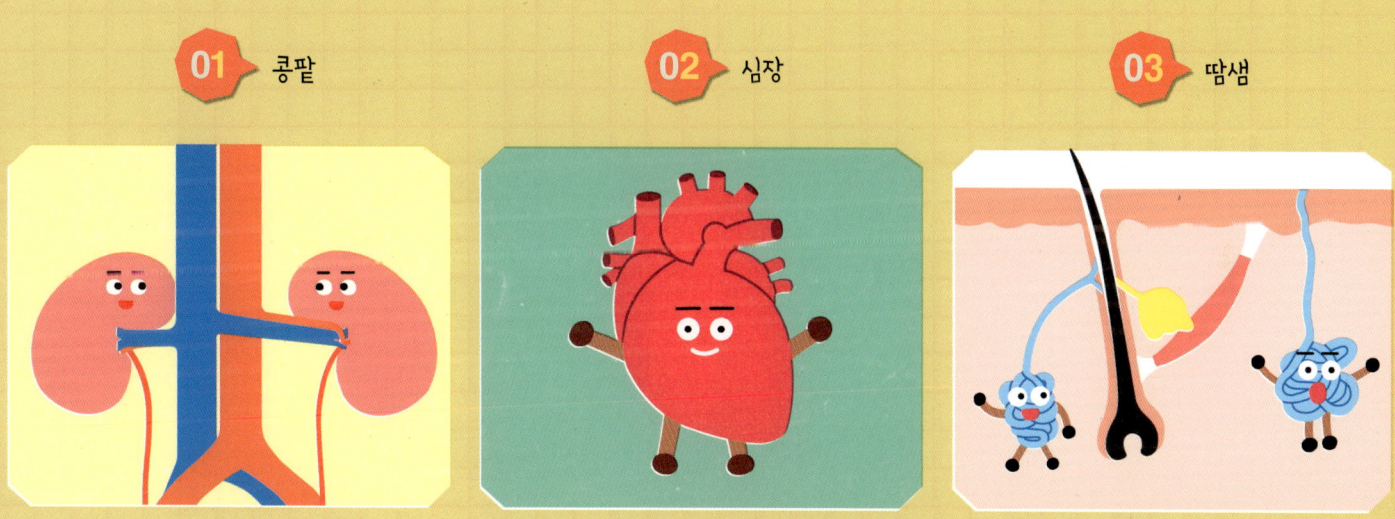

01 콩팥　　02 심장　　03 땀샘

정답 · 01

콩팥은 신장, 또는 신이라고도 하는데, 강낭콩처럼 생겨서 이런 이름이 붙었어. 컴퓨터 마우스 정도 크기의 콩팥에는 오줌을 만드는 콩팥단위(네프론)가 백만 개씩 들어 있지. 콩팥이 제구실을 못 하면 몸속에 독성 물질이 쌓여 병에 걸리고 심하면 목숨을 잃을 수 있어. 땀샘도 노폐물을 내보내기는 하지만, 콩팥에 비하면 훨씬 적은 양이지.

왜 아무것도 보이지 않을까?

초6 우리 몸의 구조와 기능
중3 자극과 반응 - 감각

친구들과 어둠 체험 방(Dark room)에서 놀다 왔어. 아무것도 보이지 않는 캄캄한 방에 들어가서 시각 이외의 감각만으로 미션을 수행해서 탈출해야 했지. 보통은 어두운 곳에 들어가도 시간이 흐르면 적응이 돼서 무언가는 보이잖아. 그런데 거기는 방에 들어가 안대를 벗은 뒤에도 아무것도 안 보이더라니까. 쿵! 여기저기서 사람들이 벽에 부딪히는 소리도 들렸어. 간신히 탈출해서 밖으로 나왔더니 세상이 너무 환해서 눈이 부서지는 줄 알았지. 왜 어두운 곳에서는 아무것도 보이지 않는 걸까? 우리가 무언가를 볼 수 있는 이유는 무엇일까?

어두운 곳과 밝은 곳은 무엇이 다를까?

상대적인 얘기지만, 우리는 빛의 세기에 따라 밝거나 어둡다고 느껴.
빛이 강하면 더 밝게, 약하면 더 어둡게 느끼는 거지.
눈에 있는 **시각 세포**들이 빛을 받아들여서 뇌에 그 정보를 전달하는데,
빛이 강할수록 더 강한 자극을 전달하고 뇌에서 그것을 해석하기 때문이야.

어둠 체험 방 안에서는 어떤 일이 일어나는 걸까?

어둠 체험 방은 실낱같은 빛도 들어가지 못하도록 완벽하게 빛을 차단한 곳이야.
그곳에서 우리 눈(사실은 우리 뇌)은 그 어떤 빛의 자극도 받아들이지 못해.
어둠 체험 방에 처음 들어간 사람들은 한동안 숨이 막힐 것 같은 답답함을 느껴.
눈을 크게 떠도 아무것도 보이지 않는 상황에 놀라고,
눈을 감았을 때보다도 더 캄캄한 어둠에 당황하는 거야.
그러다가 조금 시간이 지나면 어둠에 적응하고
시각 이외의 모든 감각이 예민해지는 경험을 하게 되지.

> 벽이 말랑말랑한데?

> 킁킁, 어디서 발 냄새가?

우리가 정말로 보는 것은 무엇일까?

우리는 '꽃을 본다, 고양이를 본다, 달을 본다, 얼굴을 본다.' 이렇게 말해.
하지만 우리가 정말로 보는 것은 꽃, 고양이, 달, 사람이 아니라
꽃, 고양이, 달, 사람이 반사한 빛이야, 반사한 빛!
그러니까 **광원**에서 나온 빛이 물체에 반사되고 그 빛이 눈에 들어온다는 뜻이야.
태양이나 별, 전등처럼 스스로 빛을 내는 물체를 광원이라고 하지.
빛이 물체에 반사되지 않고 광원에서 곧바로 우리 눈으로 들어오기도 해.
스마트폰 화면을 보거나 촛불을 보거나 전등을 볼 때 일어나는 일이지.

광원

물체

우리는 어떤 과정을 거쳐 물체를 볼까?

거울을 들고 우리 눈을 들여다봐. 하얀 건 흰자위, 까만 건 검은자위라고 해.
흰자위는 **공막**이라는 하얀 막, 검은자위는 **각막**이라는 투명한 막으로 싸여 있지.
이제 검은자위를 들여다봐. 둘레에 특이한 무늬가 있는 갈색 **홍채**가 보일 거야.
그 가운데에는 새까맣고 동그란 창문 같은 것이 보이지. 여기가 **눈동자**(동공)야.
눈으로 빛이 들어가는 구멍이지. 물체에서 반사된 빛은 이 구멍으로 들어가서
그 속에 숨어 있는 **수정체**를 통과한 다음 눈 뒤쪽의 **망막**에 상을 맺어.
망막은 빛을 받아들이는 시각 세포가 퍼져 있는 곳이지.
그런데 수정체를 통과하는 동안 물체의 상에 특별한 일이 일어나.
거꾸로 뒤집힌 상태로 망막에 상이 맺히는 거야.

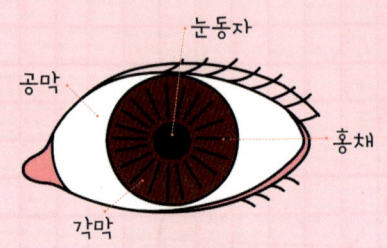

눈이 아니라 뇌로 본다고?

빛의 자극을 받아들이는 망막에 맺힌 상은 거꾸로 뒤집혀 있는데
우리는 어떻게 똑바로 서 있는 물체를 보는 걸까?
비밀은 대뇌의 작용이야. 망막에 있는 시각 세포가 받아들인
자극이 **시각 신경**을 통해 뇌로 가면 대뇌가 위아래가 뒤집힌 상을
처리해서 제대로 된 모습으로 해석하는 거야.
그러니까 우리는 눈이 아니라 뇌로 본다고도 할 수 있지.

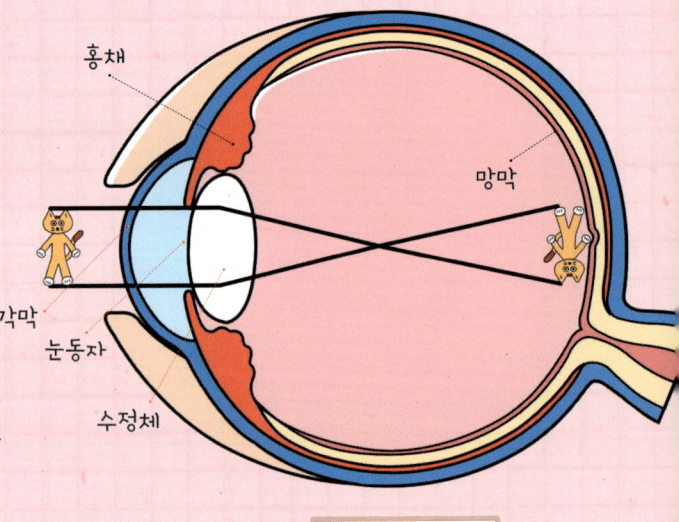

눈의 구조

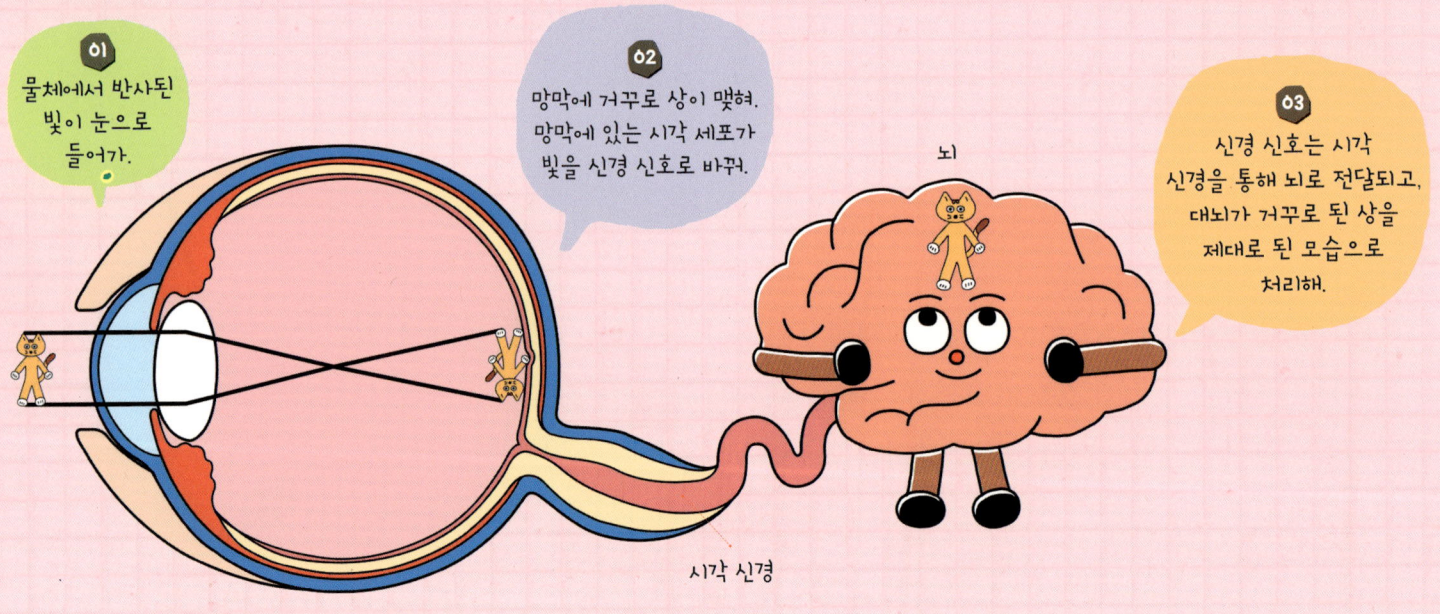

01 물체에서 반사된 빛이 눈으로 들어가.

02 망막에 거꾸로 상이 맺혀. 망막에 있는 시각 세포가 빛을 신경 신호로 바꿔.

03 신경 신호는 시각 신경을 통해 뇌로 전달되고, 대뇌가 거꾸로 된 상을 제대로 된 모습으로 처리해.

뇌로 본다는 것을 어떻게 알 수 있을까?

무언가를 보는 동안, 우리 뇌는 눈으로 들어온 상과 기억하고 있는 것들을 비교해. 기억에 있는 상에 비추어서 모양과 움직임에 맞는 것을 찾는 거야. 이런 과정을 거쳐서 눈앞에서 일어나는 일을 이해하지.
*착시는 눈으로 들어온 자극을 대뇌에서 처리한다는 것을 알려 주는 좋은 예야.

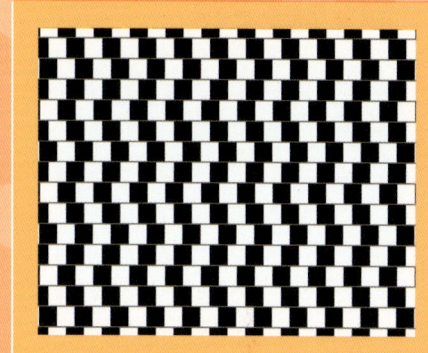

착시
사물의 크기, 형태, 빛깔 등 객관적인 성질과 우리가 시각 정보를 통해 느끼는 성질 사이에 차이가 있는 경우를 말해.

키노트
수정체는 아주아주 깨끗하고 두꺼운 볼록 렌즈야. 눈동자로 들어온 빛을 잘 모아서 망막에 선명한 상이 맺히도록 하지. 망막에 거꾸로 맺힌 상은 시각 신경을 통해 뇌로 전달되고, 뇌에서는 뒤집힌 상을 제대로 된 모습으로 해석해.

미니퀴즈 궁금증 더하기
연체동물 중에서 시각이 가장 발달한 것은?

몸이 부드럽고 뼈와 마디가 없는 것들을 연체동물이라고 해. 연체동물은 매우 다양해. 달팽이, 소라, 조개, 굴, 오징어, 문어가 모두 연체동물이지. 연체동물 중에 시각이 가장 잘 발달한 것은 무엇일까?

- **01** 단단한 껍데기가 하나 있는 달팽이, 소라 종류
- **02** 단단한 껍데기가 2개 있는 조개, 굴 종류
- **03** 단단한 껍데기가 없는 오징어, 문어 종류

정답 · 03

달팽이 종류는 밝고 어두운 것만 구분하는 작은 구멍 같은 눈이 있고, 조개 종류는 눈이 없는 것이 많아. 오징어 종류는 몸통과 다리 사이에 있는 머리에 커다란 두 눈이 있어. 사람 눈과 비슷한 구조로 발달한 눈이지.

스켈레톤은 어떻게 움직일까?

초6 우리 몸의 구조와 기능

나는 요즘 사냥을 해서 레벨을 올리는 게임을 즐겨. 레벨이 올라갈수록 점점 강해지고 화려해지는 게 좋거든. 이 게임에는 스켈레톤이라는 괴물이 나와. 스켈레톤은 '해골, 뼈대'라는 뜻이더라고. 이 괴물은 정말 뼈만 있는데도 이리저리 움직이며 적을 위협하지.
그런데 뼈만 있다면 움직이는 것은 고사하고 가만히 서 있을 수도 없지 않을까? 뼈와 뼈 사이를 연결해 주는 것이 없으니 와르르 무너져 내릴 테고 말이야.

스켈레톤은 살아 있을까?

어떤 모양이라도 좋으니 딱딱한 물체를 떠올려 봐.
상상 속에서 그 물체에 강한 힘을 주는 거야. 그러면 뚝 하고 부러지지.
상상 속의 그 물체가 만약 살아 있다면 어떨까? 거짓말 같다고?
우리 생각에 살아 있는 것은 아무래도 말랑하고 유연하고 촉촉한 느낌이니까.
딱딱한 물체가 살아 있다는 말이 어색하게 느껴질 거야.
그럼 뼈는 어때? 살아 있다는 느낌이 들어?
'뼈'라고 하면 박물관에 있는 말라비틀어진 허연 뼈다귀가 떠오를 수도 있어.
하지만 뼈는 절대로 단단한 막대기 같은 게 아니야.
우리 몸속의 뼈는 살아 있는 세포를 포함하고 약 3분의 1이 물로 이루어져 있어.
촉촉한, 살아 있는 조직으로 이루어져 있다는 뜻이지.
뼈가 부러졌을 때 깁스를 해서 잘 고정해 두기만 하면 저절로 붙잖아?
그것도 스켈레톤이 살아 있다는 증거야.

뼈의 구조는?

겉에서는 보이지 않지만, 뼈는 몇 개의 층으로 되어 있어.

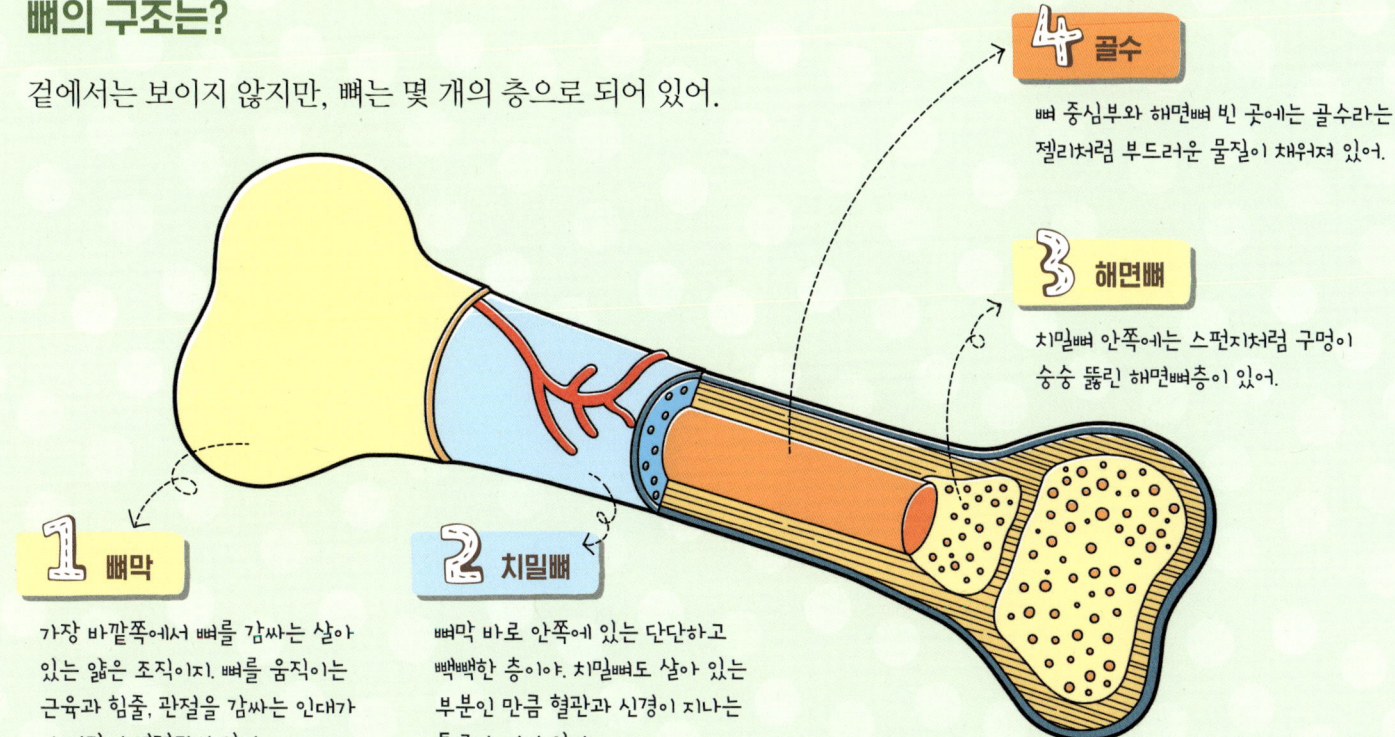

1 뼈막
가장 바깥쪽에서 뼈를 감싸는 살아 있는 얇은 조직이지. 뼈를 움직이는 근육과 힘줄, 관절을 감싸는 인대가 이 뼈막에 연결되어 있어.

2 치밀뼈
뼈막 바로 안쪽에 있는 단단하고 빽빽한 층이야. 치밀뼈도 살아 있는 부분인 만큼 혈관과 신경이 지나는 통로가 퍼져 있지.

3 해면뼈
치밀뼈 안쪽에는 스펀지처럼 구멍이 숭숭 뚫린 해면뼈층이 있어.

4 골수
뼈 중심부와 해면뼈 빈 곳에는 골수라는 젤리처럼 부드러운 물질이 채워져 있어.

뼈는 어떻게 생겼을까?

뼈는 크기가 매우 다양해. **넙다리뼈**처럼 큰 것도 있고, 귓속에 있는 **등자뼈**처럼 아주아주 작은 뼈도 있어. 모양도 다양해서 **정강뼈**처럼 긴 것도 있고, **손목뼈**처럼 짧은 것도 있고, **머리뼈**처럼 납작한 것도 있지. **척추뼈**처럼 구멍이 뚫린 것도 있고 울퉁불퉁 불규칙한 것들도 있어.

어른이 되면 뼈의 개수가 줄어든대!

아기들 뼈에는 **연골**(물렁뼈라고도 해)이라는 탄력 있는 물질이 많이 포함되어 있어. 자라면서 연골에 칼슘이 쌓여 뼈가 점점 단단해지지. 그 과정에서 작은 뼈들이 하나로 합쳐져서 태어날 때 300개가 넘던 뼈가 어른이 되면 206개가 돼.

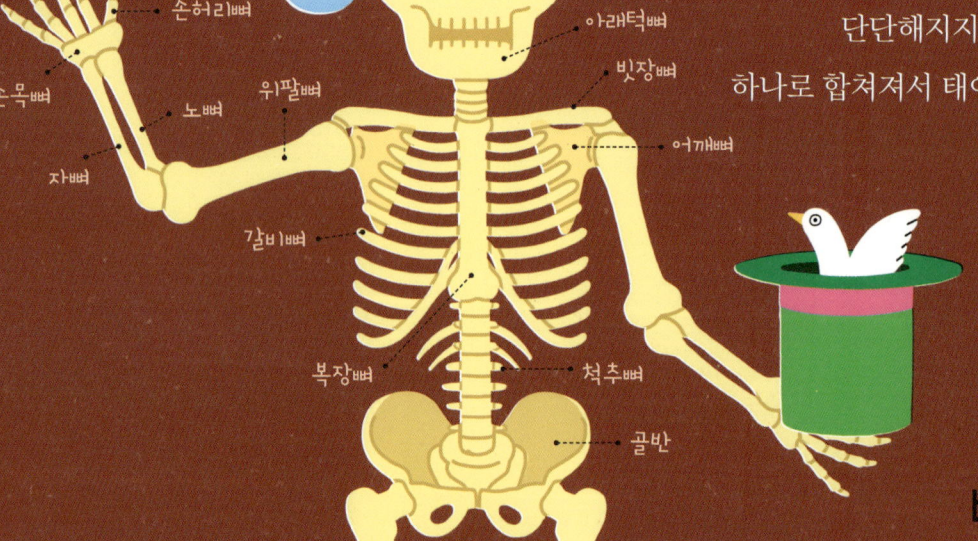

뼈는 무슨 일을 할까?

스켈레톤, 즉 뼈대는 우리 몸을 지탱해서 부대 자루처럼 퍼져 있지 않도록 해. 뼈가 없다면 우리는 서지도 걷지도 앉지도 못하고 그냥 널브러져 있을 거야. 뼈는 생명 유지에 필요한 중요한 기관들을 보호하기도 해. **갈비뼈**는 심장과 폐를 싸서 보호하고, 머리뼈는 뇌를 싸서 보호하지. 이뿐만이 아니야. 뼛속 빈 곳을 채운 골수는 혈액 세포를 만들거든. 뼈는 우리 몸에 필요한 여러 가지 영양소를 저장하는 일도 해.

우리 몸은 어떻게 움직일까?

뼈가 살아 있다고 해도 뼈만 갖고는 움직일 수 없어.
우리가 몸을 움직일 수 있는 것은 관절과 근육이 있기 때문이지.
우리 몸은 뼈와 관절, 인대, 근육과 힘줄의 작용으로 다양한 운동을 해.
우리 몸에서 가장 부지런히 많은 일을 하는 곳은 아마 손일 거야.

관절과 근육, 인대와 힘줄

엄지손가락에는 뼈 2개, 나머지 손가락에는 뼈 3개가 늘어서 있어.
손가락 마디처럼 뼈와 뼈가 서로 맞닿아 연결된 곳을 **관절**이라고 해.
이런 관절에서 뼈와 뼈 사이를 이어 주는 조직이 **인대**야.
그러면 **힘줄**은 무엇일까? 탁자에 손바닥을 붙인 다음, 손가락만
높이 들어 올려 봐. 손가락에서 손목 쪽으로 팽팽하게 당겨지는 단단한
것들이 있을 거야. 그것들이 힘줄이야. 근육과 뼈를 이어 주는 부분이지.
뼈에 바로 연결되는 근육도 있지만, 내부분 근육은 힘줄에 의해 뼈와 연결돼.
손가락을 든 상태에서 아래팔을 만져 보면 근육에 힘이 들어가 있을 거야.

요리조리 실험실

키노트 — 뼈는 3분의 1이 물로 이루어진 살아 있는 조직으로 크기가 매우 다양해. 우리 몸을 지탱하고 생명 유지에 중요한 기관들을 보호하지. 뼈는 뼈막, 치밀뼈, 해면뼈, 골수로 이루어져 있어. 우리가 몸을 움직이는 것은 뼈가 관절, 인대, 힘줄, 근육과 연결되어 있기 때문이야.

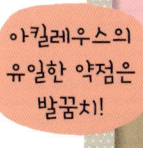

아킬레우스의 유일한 약점은 발꿈치!

미니퀴즈 궁금증 더하기

우리 몸에서 가장 큰 힘줄은 무엇일까?
우리 몸에는 여러 힘줄이 있어. 그중에서 가장 큰 힘줄이 있다고 해.
가장 큰 힘줄이 무엇일지 맞혀 봐.

01 발꿈치 힘줄   02 아킬레스 힘줄   03 아킬레스건

정답 · 01, 02, 03

우리 몸에서 가장 큰 힘줄은 발꿈치 힘줄이야. 아킬레스 힘줄, 아킬레스건이라고도 하지.
종아리 뒤쪽에 있는 근육의 힘줄들이 합쳐져서 발꿈치뼈에 붙는 굵고 강한 힘줄로, 발목 뒤에 튀어나와 있어.
우리가 달리는 동안, 이 힘줄은 몸무게의 일곱 배에 이르는 힘을 견뎌.

여드름은
왜 생기는 거지?

초6 우리 몸의 구조와 기능
중3 자극과 반응 - 감각

자고 일어났더니 이마에 여드름이 생겼어.
조그만 게 솟아오르더니 점점 붉어지네.
시간이 더 지나면 노랗게 익어서 톡
튀어나오겠지.
언제부터인가 가끔 여드름이 나.
스트레스가 이만저만이 아니야.
거울 볼 때마다 거슬려서 혼자 여드름을
짰더니 엄마가 보시고서 피부가
상할 수 있으니 조심하라고 하셨어.
그럼 그냥 내버려 두어야 할까?
여드름은 왜 생기는 걸까?

안녕? 졸고 있는 인간의 이마 위를 걸어가는 중이야.

넓은 땅과 같은 피부에 붉은 열매가 생겼네. 이게 뭘까?

피부는 가장 큰 기관이다!

피부는 단순한 몸의 표면이 아니라 우리 몸에서 가장 큰 기관이야. 심장이나 간, 위, 뇌와 마찬가지로 우리 몸을 이루는 중요한 기관이지. 피부는 세 겹으로 이루어져 있어. 맨 위에 있는 **표피**는 얇은 방수복과 같은 작용을 해. 우리 몸으로 물이나 다른 해로운 것들이 스며들지 않도록 하는 거야. 표피 밑에 있는 **진피**에는 섬유 구조가 그물처럼 얽혀 있어. 두툼하고 유연한 진피층에는 땀샘과 피지샘, 털집, 혈관, 감각점 들이 퍼져 있지. 진피 밑에 있는 **지방 조직**은 부드러운 쿠션처럼 피부에 가해지는 충격을 흡수하고 체온을 유지해.

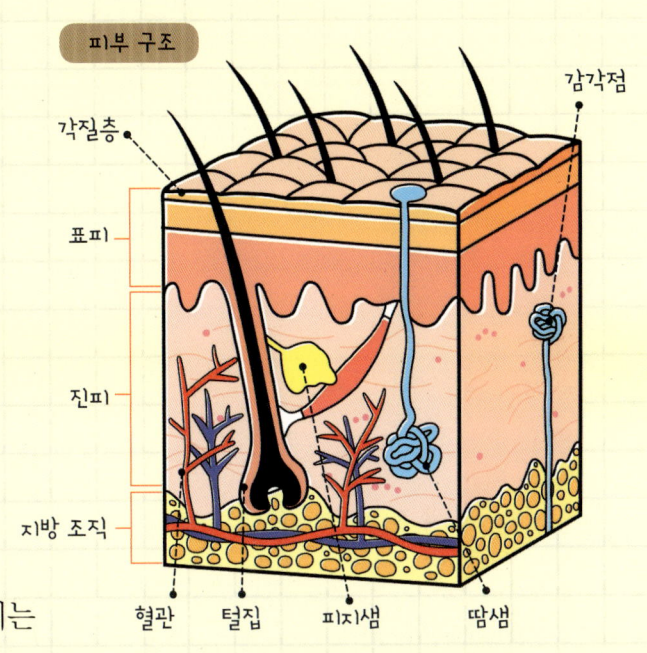

왜 여드름이 날까?

우리 피부의 **털집**(모낭이라고도 해)에는 **피지샘**이 붙어 있어. 피지샘에서는 피지라는 기름 물질을 분비해서 피부와 털을 얇은 막으로 감싸지. 우리 피부는 이런 기름 막 덕분에 메마르지 않고 촉촉한 상태를 유지하는 거야. 그런데 피지가 너무 많아지면 털집 안에 피지가 고여 털구멍이 막힐 수 있어. 이때 먼지와 기름, 세균이 모여 염증이 생긴 것이 여드름이야. 여드름이 나면 피부가 부풀어 오르면서 아프기도 하고 고름이 생기기도 해. 사춘기에 여드름이 많이 나는 것은 호르몬의 작용으로 피지가 많이 분비되기 때문이야.

피부는 무슨 일을 할까?

피부에 퍼져 있는 **감각점**들은 끊임없이 외부 환경에 대한 정보를 받아들여.
접촉, 압력, 온도 변화, 아픔과 같은 자극을 받아들이는 거야. 감각점의 작용으로 우리는 지금 접촉하고 있는
물체가 말랑말랑한지 단단한지, 거칠거칠한지 매끄러운지, 차가운지 뜨거운지 등을 파악할 수 있어.
손가락이나 발가락 끝의 피부에서는 특이한 무늬를 볼 수 있어.
이 **지문**은 사람마다 달라서 개인을 식별하거나 범인을 잡는 데 사용돼.

접촉이나 압력
간질간질

온도 변화

아픔

개인을 식별

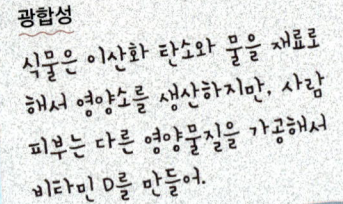
광합성
식물은 이산화 탄소와 물을 재료로 해서 영양소를 생산하지만, 사람 피부는 다른 영양물질을 가공해서 비타민 D를 만들어.

사람도 광합성을 한다고?

초록빛을 띤 식물은 광합성을 해서 양분을 만들어.
동물과 식물, 미생물을 포함해서 모든 생물이 살면서 사용하는 에너지는
모두 식물의 엽록체가 광합성을 해서 생산한 영양소에서 온 거야.
사람의 피부도 *광합성을 해. 햇빛을 받아 비타민 D를 만드는 거야.
비타민 D는 뼈를 튼튼하게 하고 키 성장을 돕는 영양소인데,
성장기 어린이의 몸에 비타민 D가 모자라면 뼈가 약하고 키가 잘 자라지 않아.
다 자란 어른도 비타민 D가 부족하면 뼈가 약해지고 뼈조직이 엉성해지지.
날씨와 시간에 따라 다르지만, 하루 15분에서 30분 정도 바깥 활동을 하면서
피부에 햇빛을 받으면 부족한 비타민 D를 보충할 수 있어.

비타민 D 충전 중!

사람마다 피부 색깔이 다른 까닭은 무엇일까?

사람의 피부 색깔은 아주 다양해. 피부가 얇거나 두꺼운 것도 피부색에 영향을 주지만, 피부색에 가장 큰 영향을 미치는 것은 **멜라닌**이라는 물질이야. 멜라닌은 피부에 있는 흑갈색 색소인데, 이 색소가 많을수록 피부색이 짙어지지. 머리카락과 눈에도 멜라닌이 있어서 그 양에 따라 머리카락과 눈의 색이 달라지기도 해. 멜라닌은 우리 피부 속에서 무슨 일을 하는 걸까? 햇빛을 차단해서 해로운 자외선으로부터 우리 몸을 보호하고 있지. 햇볕을 너무 오래 쬐었을 때 피부가 검게 그을리는 것은 우리 피부에서 손상을 막기 위해 멜라닌을 더 많이 만들기 때문이야.

 **키노트**
피부는 우리 몸을 보호하는 가장 큰 기관으로 표피, 진피, 지방 조직으로 되어 있어. 피지샘은 기름 물질로 피부를 촉촉하게 보호하고, 감각점은 피부 감각 정보를 파악하지. 특히, 멜라닌은 햇볕으로부터 피부를 보호하고 피부 색깔을 결정해.

미니퀴즈 궁금증 더하기
단단한 피부도 있다는 게 사실일까?
곤충이나 거미, 게, 새우 같은 동물은 단단한 피부를 갖고 있어.
이 동물들의 단단한 피부는 근육이 달라붙어 마치 뼈대와 같은 기능을 하지.
이런 피부를 무엇이라고 할까?

초성 힌트 ㅇ ㄱ ㄱ

정답 · 외골격
외골격은 다른 말로 겉뼈대, 피부 골격이라고도 해.

이어폰이 아니야?

지난 주말에는 고모가 놀러 와서 신났어.
고모는 식구들과 인사를 하면서 귀에 걸치고
있던 것을 탁자에 내려놓았지.
"고모, 이거 뭐예요?"
"궁금하면 한 번 써 봐. 골전도 헤드셋이란
거야. 처음엔 좀 간질간질할 거야."
고모는 그 이어폰 비슷한 것을 내 귀에 걸쳐
주고 음악을 틀었어.
어, 귓구멍에 끼우지 않았는데도
소리가 잘 들리는 거야.
어떻게 그럴까?

초6 우리 몸의 구조와 기능

중3 자극과 반응 - 감각

턱으로 소리를 듣는다고?

전지를 넣어 사용하는 작은 라디오가 있니?
소리가 나는 상태에서 라디오를 이로 살짝 물었다 떼었다 하는 실험을 할 거야.
작은 라디오가 없으면 휴대 전화로 실험해도 괜찮아.
소리가 너무 크지 않게 켜고, 너무 꽉 물지 않도록 해.
이제 같은 위치에 두고 물었을 때와 물지 않았을 때 소리를 비교해 봐.
어때? 물고 있을 때 소리가 더 크게 들리지?
귓구멍과 함께 턱뼈를 통해서도 소리를 들을 수 있기 때문이야.
골전도 헤드셋은 머리와 얼굴의 뼈로 소리를 전달해서
소리를 들려주는 장치라고 할 수 있지.

요리조리 실험실

싱크로나이즈드 스위밍 선수들은 어떻게 소리를 들을까?

싱크로나이즈드 스위밍은 물속에서 헤엄치면서
음악 반주에 맞추어 다양한 동작으로 아름다움을 표현하는 경기야.
힘든 동작을 하면서도 미소 짓는 선수들이 정말 멋있어 보이지.
싱크로나이즈드 스위밍 경기를 할 때는 물속에 스피커를 장치해.
그래야 선수들이 물속에서도 소리를 잘 들을 수 있거든.
평소 소리는 공기를 통해 귓구멍으로 전달되지만, 물속에서 헤엄치는
동안에는 귓구멍이 물로 막혀 있어. 그래서 싱크로나이즈드 스위밍 선수들은
*물속으로 전달된 소리의 진동을 머리와 얼굴의 뼈로 받아들이지.
귀는 어떤 구조로 되어 있기에 뼈로 소리를 들을 수 있는 걸까?

> **물속으로 전달된 소리**
> 소리는 공기 같은 기체는 물론 액체, 고체에서도 전달돼. 물속에서는 공기 중에서보다 소리가 더 빠르게 전달되지. 바닷속 고래들은 수백 km 떨어진 다른 고래의 울음소리도 들을 수 있대.

새들도 귀가 있을까?

귀라고 하면 머리 양옆에 붙어 있는 **귓바퀴**만 생각하기 쉬워.
하지만 사람 귀는 머리뼈 안쪽까지 이어져 있어.
귀에서 진짜 중요한 부분은 오히려 저 안쪽에 있다고 할 수 있지.
사람을 비롯한 많은 포유류는 귓바퀴가 있어.
토끼 귀를 생각해 봐. 박쥐도 그렇고.
하지만 새들을 보면 튀어나온 귀가 없어.
그냥 머리 양쪽에 귓구멍이 뚫려 있을 뿐이지.
그래도 새들은 포유류만큼 발달한 귀를 갖고 있어.

부엉이는 귓바퀴가 있는 것처럼 보여.

하지만 실제로는 귀 깃털이 나 있을 뿐이야.

북, 3개의 뼈 그리고 달팽이로 소리를 듣는다!

우리 귀는 바깥귀와 가운데귀, 속귀 이렇게 세 부분으로 이루어져 있어.
바깥귀는 귓바퀴와 귓구멍 안쪽 통로인 바깥귀길을 합쳐서 부르는 말이야.
바깥귀와 가운데귀 사이에는 고막이 있어.
고막은 북처럼 울리면서 소리의 진동을 안쪽으로 전하는 얇은 막이지.
고막 안쪽의 **가운데귀**(중이라고도 해)에는 3개의 작은 뼈와 귀인두관이 있어. 고막의 진동은 *귓속뼈에서 더 크게 울리면서 안쪽에 있는
속귀로 전달돼. 속귀에는 달팽이관, 반고리관,
안뜰(전정이라고도 해)의 세 부분이 있는데
여기서 소리 진동을 받아들이는 부분은 달팽이관이야.
길게 이야기했지만, 이 모든 일은 순식간에 일어나고 있어.
그래서 우리는 매 순간 소리를 들을 수 있지.

귓속뼈

3개의 귓속뼈는 고막의 진동이 전달되는 순서로 망치뼈, 모루뼈, 등자뼈라는 이름이 붙어 있어. 망치, 모루, 등자처럼 생겨서 이런 이름이 붙었지. 달팽이관의 청각 세포에는 진동을 감지하는 미세한 '털'들이 나 있는데, 자극을 받아들인 청각 세포가 신경을 통해 뇌로 신호를 전달하면 소리가 들려.

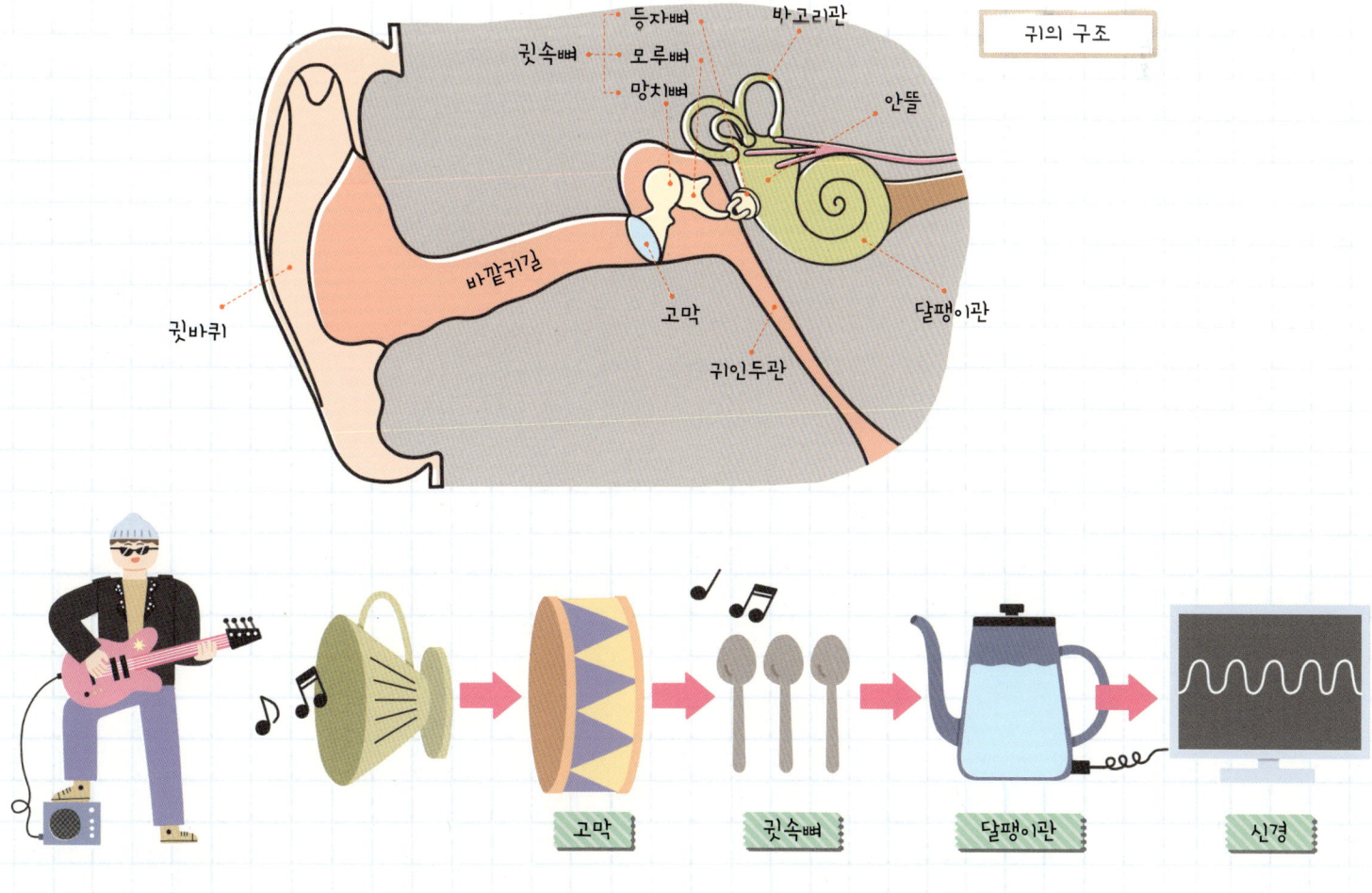

귀의 구조

동물마다 귀의 구조가 달라

포유류, 조류, 파충류는 바깥귀, 가운데귀, 속귀가 모두 있어. 하지만 파충류는 바깥귀가 발달하지 않았지. 양서류는 바깥귀가 없이 가운데귀와 속귀만 있어서 고막이 겉으로 드러나 있어. 어류는 속귀만 있는데, 어떤 물고기는 부레가 고막의 역할을 해.

반고리관과 안뜰이 하는 일은?

속귀의 달팽이관, 반고리관, 안뜰은 **림프**라는 체액으로 가득 차 있어.
이 액체가 진동하고 출렁거리면서 감각 세포들에 자극을 전달하지.
달팽이관의 액체가 진동하면 우리는 소리를 들어.
그러면 3개의 반고리관은 무슨 일을 할까?
코끼리 코를 잡고 빙글빙글 도는 놀이를 할 때처럼 우리 몸이 돌면
반고리관 속 액체가 출렁거리면서 감각 세포를 자극해.
이 자극이 신경을 통해 뇌로 전달되면 우리는 몸이 회전하는 것을 느껴.
안뜰 속 액체는 우리 몸이 기울어질 때마다 감각 세포를 자극해.
이렇게 몸의 회전과 기울어짐을 느끼는 것을 **평형 감각**이라고 하지.
귀는 청각과 함께 평형 감각을 느끼는 감각 기관이야.

반고리관과 안뜰은 평형 감각을 담당해!

키노트 귀는 바깥귀와 가운데귀, 속귀 이렇게 세 부분으로 이루어져 있어. 속귀에는 달팽이관, 반고리관, 안뜰이 있는데 여기서 소리 진동을 받아들이는 부분은 달팽이관이야. 반고리관과 안뜰은 평형 감각을 담당해.

미니퀴즈 궁금증 더하기 — 귀인두관이 하는 일은?

가운데귀의 귀인두관은 길이가 3.5cm 정도 되는 관이야. 귀인두관은 무슨 일을 할까?

힌트: 코를 세게 풀면 귀가 먹먹해지는 현상과 관계가 있어.

01 목에서 나는 소리를 들을 수 있게 해 준다.

02 귓속뼈와 함께 소리가 더 크게 울리도록 한다.

03 가운데귀 안쪽과 바깥쪽의 압력을 같게 조절한다.

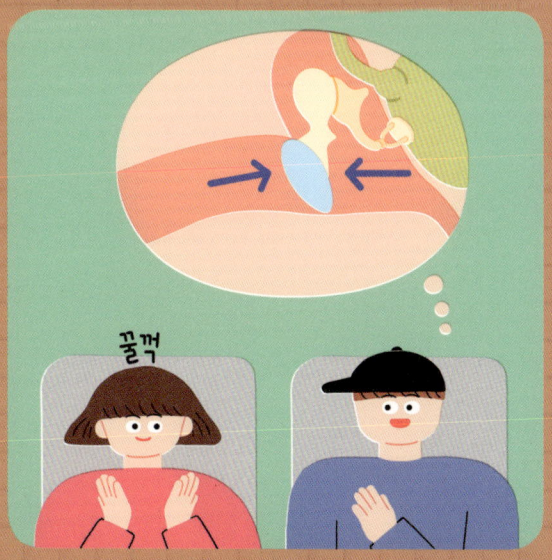

정답 · 03

귀인두관은 가운데귀 내부와 목구멍을 연결해 주는 관이야. 비행기나 고속 엘리베이터를 타고 올라가거나 내려갈 때처럼 외부 압력이 크게 변하면 귀가 먹먹해지거나 아플 수 있어. 이때 침을 삼키면 괜찮아져.
귀인두관이 열리면서 공기가 흘러서 고막 안쪽과 바깥쪽의 압력을 같게 조절하기 때문이야. 코를 너무 세게 풀면 귀인두관을 통해 가운데귀 안으로 높은 압력이 가해져 손상을 입을 수 있으니 조심해야 해.

코골이는 무서워!

초6 우리 몸의 구조와 기능
중2 동물과 에너지 - 호흡

지난여름, 우리 가족은 설악산으로 여행을 갔어.
정상에 올라서 본 멋진 경치는 최고였지.
경치를 본 뒤 대피소에 가서 저녁을 먹었어.
식사 후에는 금세 곯아떨어졌지.
사건은 이른 새벽에 일어났어.
난 너무 시끄러운 소리에 잠에서 깼지.
그 소리는 바로 수십 명이 코를 고는 소리였어.
대피소 숙소는 칸이 나뉘어 있기는 하지만,
수십 명이 한방에서 자야 해.
코 고는 소리가 어찌나 큰지 천장이 무너지는
줄 알았다니까.

어떤 코골이는 정말 무서워!

코골이는 잠을 자면서 숨을 쉴 때 공기가 흐르는 길이 좁아지면서
입천장의 부드러운 살이나 목젖 등이 떨리면서 소리가 나는 현상이야.
코를 골면 옆에서 자는 사람들을 잠 못 들게 할 위험이 있지만,
때에 따라서는 코를 고는 사람 자신도 위험해져.
수면 무호흡을 동반할 때 그렇지.
심하게 코를 골다가 숨이 멎어 버린다는 뜻이야.
수면 무호흡증이 있는 사람은 잠을 자다가 숨을 헐떡이기도 하고,
숨이 멈추는 것을 느끼고 질식할 것 같은 느낌에 잠에서 깨기도 해.
수면 무호흡증이 있으면 잠을 자도 개운하지 않고 피곤할 수 있어.
여러 가지 다른 병을 일으킬 수도 있지.
자기는 잘 모를 수 있으니까 주위에 코를 심하게 고는 사람이
있으면 잘 관찰해서 알려 주어야 해.

생각해야만 숨을 쉴 수 있다면?

스읍, 하! 스읍, 후!
숨을 들이마시고 싶으면 우린 그렇게 할 수 있어.
숨을 내쉬고 싶을 때도 그렇게 할 수 있지.
숨을 멈추고 싶으면 잠시 멈출 수도 있어.
하지만 숨을 쉬겠다는 생각을 해야만 숨을 쉬는 건 아니야.
생각해야만 숨을 쉴 수 있다면 우리는 잠을 잘 수도 없어.
잠이 들자마자 숨이 끊어질 테니까.
우리가 의식하지 않아도 호흡 운동은 끊임없이 일어나.
낮이나 밤이나 깨어 있는 동안에도 잠을 자는 동안에도.

*숨은 어떻게 저절로 쉬어질까?

살아 있는 동안 우리 몸에서는 계속 이산화 탄소가 만들어져.
달리기나 등산처럼 격렬한 운동을 하면 우리 몸에서는 이산화 탄소가 더 많이
만들어지지. 그러면 우리 뇌는 더 자주 숨을 쉬라고 명령을 내려.
그래서 숨을 헐떡거리게 되는 거야. 잠을 자거나 편히 쉬는 동안에는
이산화 탄소가 적게 만들어지고 우리는 더 천천히 숨을 쉬게 돼.
이 모든 일은 우리가 의식하지 않아도 저절로 일어나지.

숨
우리 몸은 100조 개에 이르는 살아 있는 세포로 이루어져 있어. 모든 살아 있는 세포는 영양소에서 에너지를 얻는데, 이때 산소가 꼭 필요해. 우리가 끊임없이 숨을 쉬는 것은 산소를 몸에 받아들여야 하기 때문이야.

들숨과 날숨의 비밀

숨을 들이마시면 공기가 코나 입, *기관, 기관지를 통해 폐로 들어가고
숨을 내쉬면 그 반대 순서로 폐에서 밖으로 공기가 나오지.
폐는 마치 스스로 커졌다, 작아졌다 하면서 숨을 쉬는 것처럼 보여.
하지만 폐는 근육이 없어서 혼자서는 움직일 수 없어. 갈비뼈에 붙은 근육과
가슴 아래쪽 **가로막**의 움직임에 의해 폐가 커졌다 작아졌다 하는 거야.
갈비뼈에 붙은 근육이 가슴을 내리누르고 가로막이 올라가면 폐의 부피가
작아지면서 공기가 밀려 나가서 **날숨**을 쉬게 되지. 그 반대를 **들숨**이라고 해.

기관
이 기관은 '기', 즉 공기가 드나드는 '관'이라는 뜻이야. 숨관이라고도 해. 생물체의 부분을 가리키는 말이 아니야.

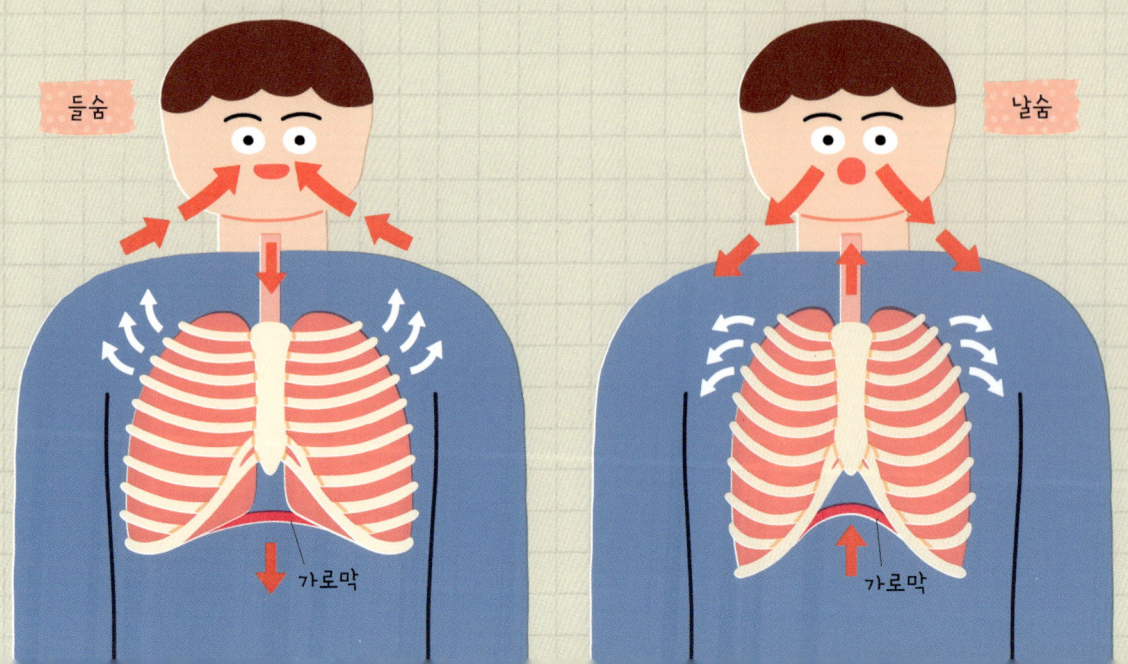

폐는 어떻게 생겼을까?

폐는 우리에게 산소를 공급하는 2개의 주머니야.
이 주머니 속에는 **폐포**라고 하는 수많은 작은 주머니가 들어 있지. 이 미세한 주머니들은 나뭇가지처럼 점점 가늘게 갈라지는 **기관지** 끝에 연결되어 있어.
한 사람 폐에 있는 폐포를 다 폈을 때의 넓이는 테니스장 크기야. 정말 넓지? 우리는 그렇게 넓은 곳으로 산소를 받아들이고 이산화 탄소를 내보내고 있어.
오랫동안 담배를 피우거나 오염된 공기를 들이마시면 폐포에 오염 물질이 쌓여. 그러면 산소를 받아들이고 이산화 탄소를 내보낼 곳이 좁아져서 제대로 숨 쉬지 못하지.

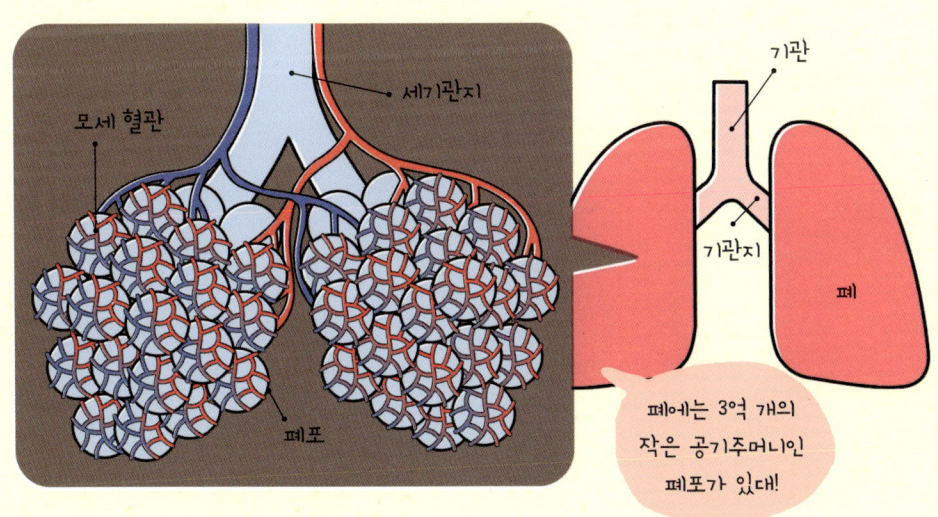

폐의 구조

폐에는 3억 개의 작은 공기주머니인 폐포가 있대!

키노트

폐는 산소를 공급하는 2개의 주머니로 폐 속에는 폐포라는 작은 주머니가 아주 많이 들어 있어.
들숨에는 공기가 코나 입, 기관, 기관지를 통해 폐로 들어가고, 날숨에는 그 반대 순서로 폐에서 밖으로 공기가 나오지.

미니퀴즈 궁금증 더하기

높은 곳에서 숨이 차는 이유는?

고산병을 들어 본 적 있니?
높은 산에 올라갔을 때 피로, 두통, 식욕 부진, 구토 등의 증상이 일어나는 것을 말해. 고산병은 왜 생기는지 원인을 모두 골라 봐!

01 기압 차이
02 산소 부족
03 온도 차이

정답 · 01, 02

높은 산에 올라가면 기압이 낮아져.
기압이 낮으면 공기가 희박해서 산소도 부족해지지.
이런 환경에 갑자기 노출되면 두통, 탈진 등 여러 가지 증상이 나타날 수 있어.

심장은 왜 콩닥콩닥 뛸까?

초6 우리 몸의 구조와 기능

중2 동물과 에너지 - 순환

학교 체험 학습으로 미술관에 다녀왔어.
가장 기억에 남는 작품은 '심장'이었어.
심장이 영어로 하트(heart)잖아?
하트 뿅뿅 할 때의 그 하트가 심장 모양을
딴 거라니!
하트 모양 심장과 굵은 핏줄, 거기서 뻗어
나가는 가느다란 핏줄, 이 모든 것을
강렬하게 표현한 미술 작품을 보면서
가슴에 손을 대고 심장이 뛰는 것을 느꼈어.
심장은 왜 사랑의 상징이 된 걸까?
콩닥콩닥 뛰는 이유는 무엇일까?

HEART

마음은 심장에 있을까?

누군가를 사랑하면 그 사람을 볼 때마다 심장이 뛴다고 하지만,
사실 심장은 잠시도 쉬지 않고 계속 뛰고 있어.
심장이 빨리 뛰어서 평소에 못 느끼던 심장 박동을 느꼈을 뿐이지.
무서울 때도, 너무 억울할 때도 마구 심장이 뛰어.
화가 나서 누군가와 싸우고 싶을 때도 심장 박동이 빨라지지.
그래서 옛날 사람들은 우리 마음이 심장에 있다고 생각했어.
감정이 심장에 깃들어 있다고 생각한 거지.
그러면서 심장이 매우 강렬한 감정인 사랑의 상징이 되었고.
지금은 사람의 감정이 뇌에 있다는 사실이 밝혀졌어.
그래도 하트는 계속 사랑의 상징으로 남을 거야.
뇌의 변화는 눈에 띄지 않지만, 콩닥콩닥 뛰는 심장은 강렬한 느낌을 주니까.

심장 뛰는 소리는 어디서 나는 걸까?

아기를 가진 임산부는 병원에서 태아의 심장 소리를 듣고 감격해. 청진기를 이용하면 누구나 자기 심장이 뛰는 소리를 들을 수 있지.
심장은 강력한 근육으로 이루어진 주머니야. 몸을 움직여 보면 알 수 있듯이 근육이 움직일 때마다 소리가 나지는 않아.
그런데 심장에서는 왜 소리가 나는 걸까?
심장 뛰는 소리는 심장에 있는 **판막**이 닫히는 소리야. 판막은 심장에서 피가 한 방향으로만 흐르도록 하는 장치야.

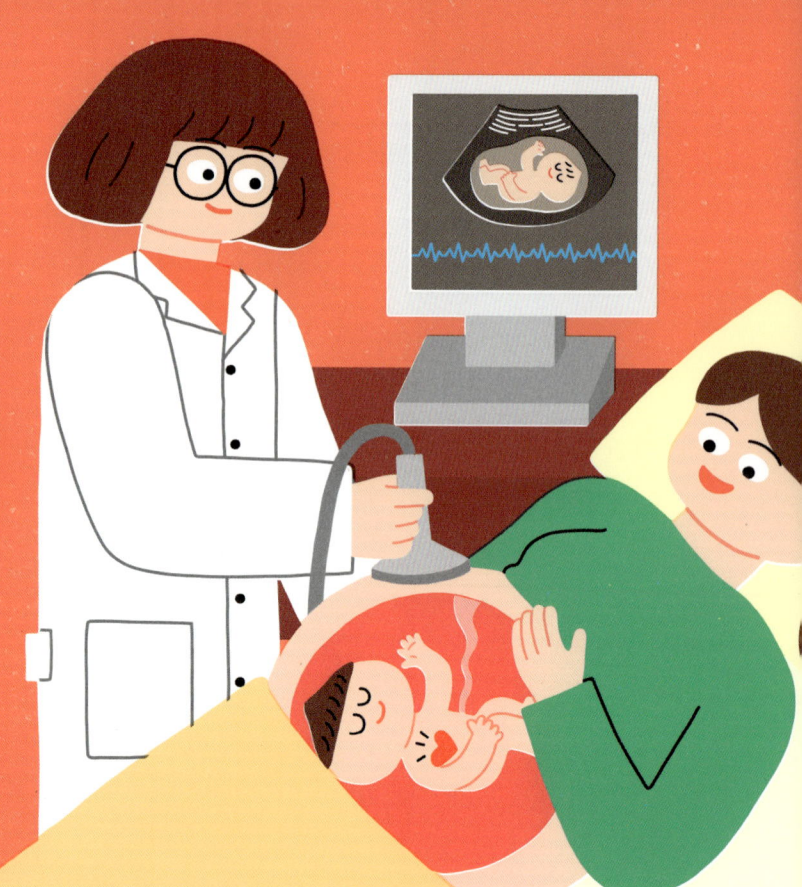

심장은 둘로 쪼개져 있다?

우리는 심장이 하나뿐이라고 생각하지만, 사실 심장은 왼쪽과 오른쪽 두 심장이 한데 붙어 있는 구조야.
두 심장은 같이 뛰기는 하지만, 전혀 다른 성질의 피가 흐르고 있어.
왼쪽 심장에는 산소를 많이 머금은 피가 흐르고, 오른쪽 심장에는 산소는 적고 이산화 탄소가 많은 피가 흐르지.
이 두 심장의 혈액은 절대 섞이면 안 돼.

심장 판막은 어디 어디 있을까?

심장 판막이 어디 있는지 알기 위해서는 심장의 구조를 알아야 해.
심장 위쪽에는 피가 들어가는 **심방**이 있고, 아래쪽에는 피가 나가는 **심실**이 있어.
왼쪽 심장과 오른쪽 심장이 있다고 했으니 심방도 2개, 심실도 2개야.
각각의 심방으로 들어간 피는 같은 쪽 심실로 이동하는데, 그 사이에는 판막이 있어.
좌심방과 좌심실 사이, 우심방과 우심실 사이에 하나씩 판막이 있다는 거야.
심실로 피가 들어가면 판막이 딸깍 닫히면서 피가 거꾸로 나가지 않아.
이제 심실로 들어온 피는 **동맥**이라는 혈관을 따라 심장 밖으로 나가.
좌우심실과 동맥 사이에도 판막이 하나씩 있어.
이 판막들도 피가 뿜어져 나가자마자 딸깍하고 닫히지.
왼쪽 심장과 오른쪽 심장은 박자를 맞추어서 함께 움직여.
'두근'대는 심장 박동 소리는 심방과 심실 사이 판막들이 '두' 하면서 닫히고,
그 뒤를 이어 심실과 동맥 사이 판막들이 '근' 하면서 닫히는 소리야.
심장은 계속 그렇게 두근, 두근거리지.

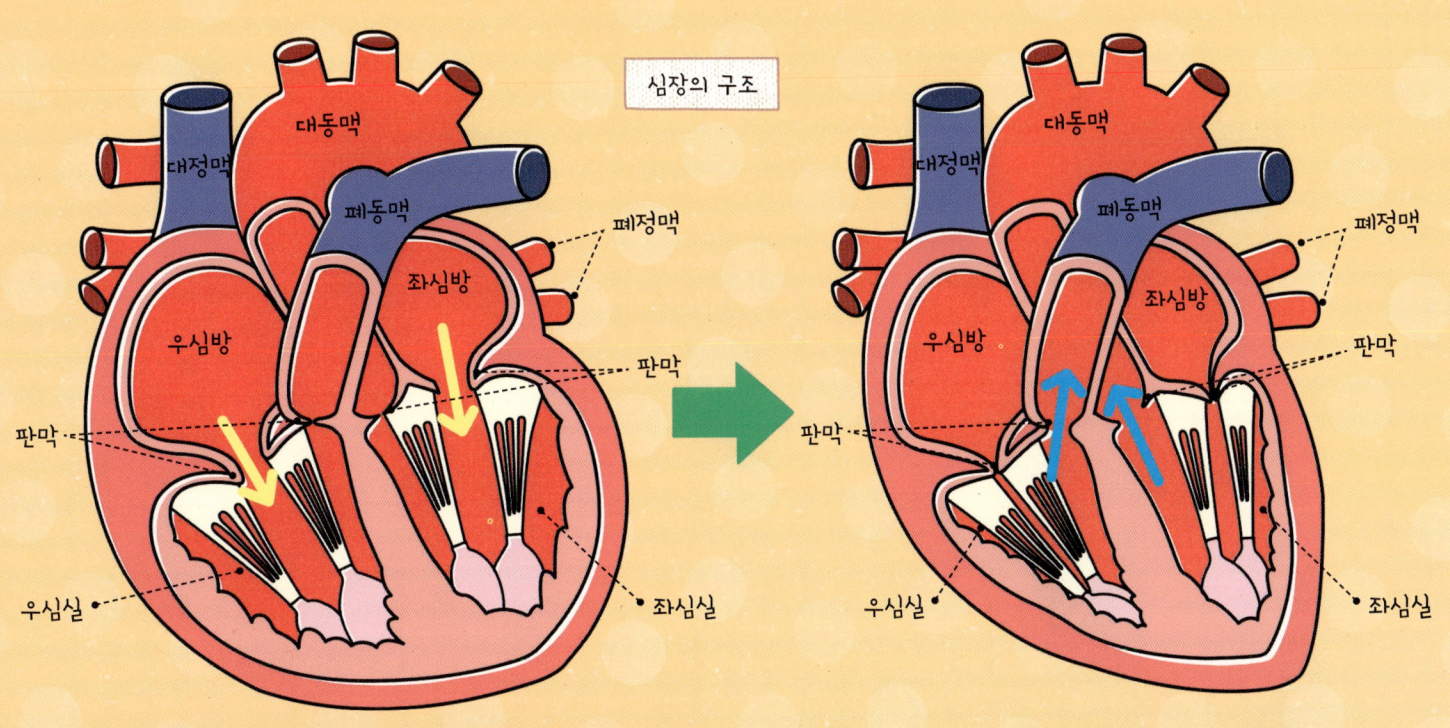

심장의 구조

1 심방으로 들어온 피는 판막을 거쳐 심실로 이동해.

2 심실로 들어온 피는 판막을 거쳐 동맥을 따라 심장 밖으로 나가.

혈액은 일방통행!

경주장을 도는 자동차처럼 혈액은 한 방향으로만 흘러.
끊임없이 한 방향으로 흐르면서 온몸에 영양소와 산소를 공급하고,
온몸에서 노폐물과 이산화 탄소를 받아 오는 거야.

폐로 도는 길과 온몸을 도는 길

심장은 왼쪽 심장과 오른쪽 심장으로 나누어지며, 왼쪽 심장에는 산소를 많이
머금은 피가 흐르고 오른쪽 심장에는 산소가 적은 피가 흐른다고 했지?
오른쪽 심방, 심실로 흐르는 산소가 적은 피는 심실을 나와 폐로 가서 산소를 얻고
이산화 탄소를 버려. 산소를 많이 머금고 왼쪽 심장으로 갈 준비를 마친 거야.
이렇게 혈액이 오른쪽 심실에서 폐로 나갔다가 왼쪽 심방으로 들어오는 것을
폐순환이라고 해. 폐순환을 끝낸 피는 왼쪽 심방, 심실을 지나서 폐를 제외한 온몸을 돌아.
그동안 온몸 세포에 산소를 주고 이산화 탄소를 받아서 오른쪽 심방으로 들어가지.
좌심실을 나간 혈액이 온몸을 돌아 우심방으로 들어오는 것은 <u>**온몸 순환**</u>이라고 해.

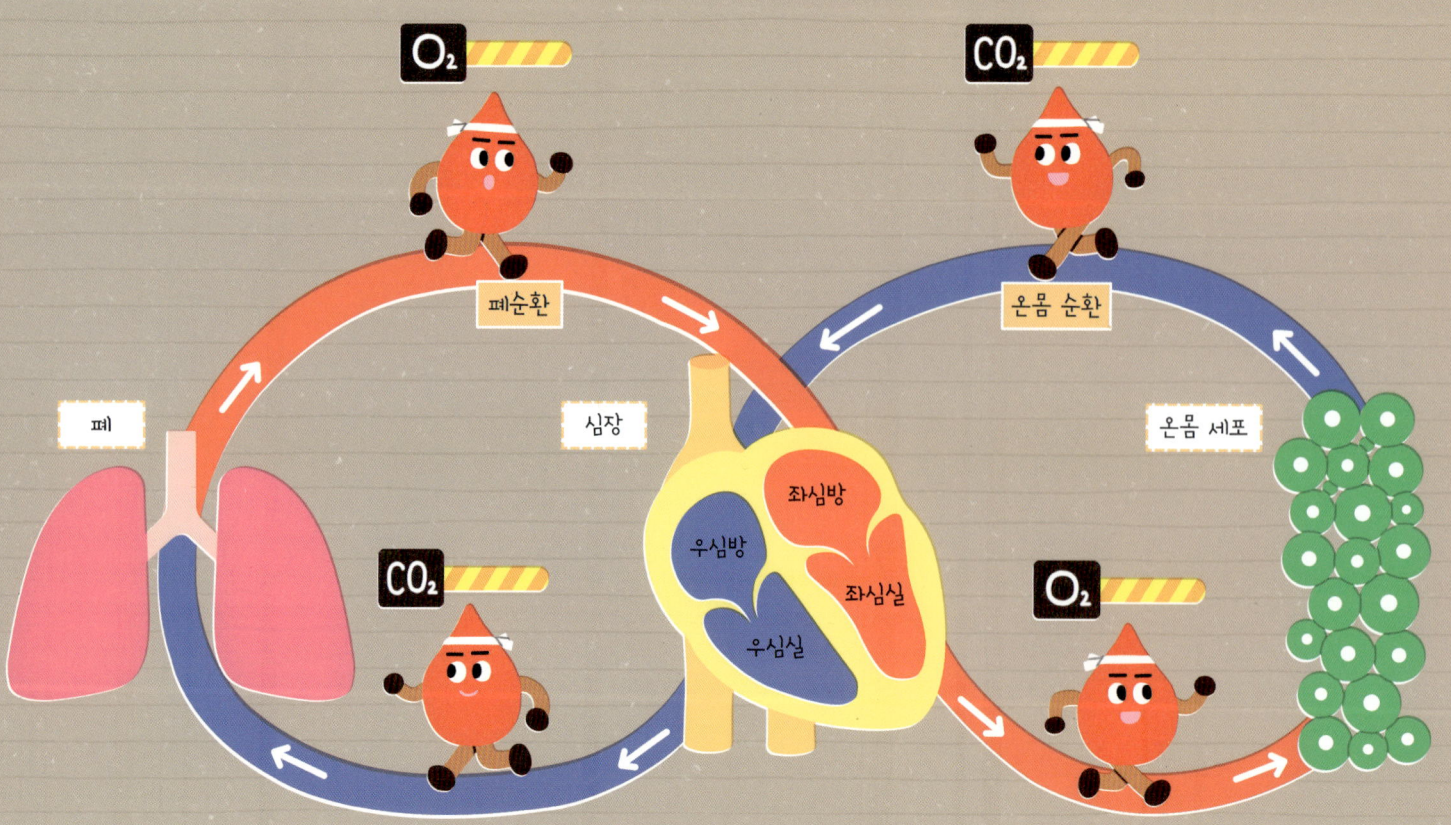

키노트

심장은 근육으로 이루어진 주머니로 2개의 심방과 심실, 4개의 판막으로 이루어져 있어. 혈액이 우심실에서 폐로 나갔다가 좌심방으로 들어오는 것을 폐순환이라고 해. 좌심실을 나간 혈액이 온몸을 돌아 우심방으로 들어오는 것을 온몸 순환이라고 해.

미니퀴즈 궁금증 더하기   모든 혈관의 길이는 얼마일까?

심실에서 혈액이 나가는 혈관은 동맥, 심방으로 혈액이 들어가는 혈관은 정맥이야. 동맥은 가지를 치듯이 점점 가늘게 갈라져서 모세 혈관이 되고, 모세 혈관은 실개천이 모여서 넓은 강이 되듯 점점 굵게 모여서 정맥을 이루지.
동맥과 정맥, 모세 혈관까지 우리 몸의 모든 혈관을 한 줄로 이으면 아주 길어져. 그 길이는 어느 정도일까?

01 우리나라를 두 바퀴 반 돌 수 있는 길이

02 지구를 두 바퀴 반 돌 수 있는 길이

03 태양계를 두 바퀴 반 돌 수 있는 길이

정답 · 02

한 사람의 모든 혈관을 한 줄로 이으면 약 10만km가 돼. 약 4만km인 지구 둘레를 두 바퀴 반 돌 수 있는 길이지.

뱀파이어는 왜 피를 좋아할까?

주말에 혼자서 이리저리 TV 채널을 돌리다가 뱀파이어 영화를 봤어.
하얀 피부, 변신 능력, 늙지도 않고 죽지도 않지!
하지만 햇빛을 보면 안 돼.
영화에 등장하는 뱀파이어는 정말 매력 있어.
영화가 끝난 뒤 포도 주스를 따라 마시면서 뱀파이어 흉내를 냈지.
토마토 주스 색깔이 더 비슷하겠지만, 집에 없더라고.
포도 주스를 마시면서 피에는 어떤 성분이 들어 있기에 피를 마시는 캐릭터가 만들어진 걸까 궁금해졌어. 피가 어떻게 만들어지는지도.

초6 우리 몸의 구조와 기능
중2 동물과 에너지 - 순환

생명의 액체!

피는 우리 몸속을 끊임없이 순환하고 있어.
혈액을 시험관에 넣고 아주 빠르게 빙글빙글 돌리면
밑에는 빨간 덩어리가 가라앉고 위에는 오줌 색 액체가 떠.
위에 떠 있는 오줌 색 액체를 **혈장**이라고 해.
아래 가라앉은 빨간 덩어리에는 혈액 세포들이 모여 있어.
혈액 세포를 **혈구**라고 하는데 가장 많은 것이 **적혈구**야.
가장 큰 것은 **백혈구** 그리고 **혈소판**이라는 작은 세포 조각들이 있어.
혈액이 만들어지는 곳은 뼈 내부에 있는 골수라는 조직이야.
골수에 있는 줄기세포에서 적혈구와 백혈구 그리고 혈소판을 만들지.
어린이는 모든 뼈에 골수가 있고 거의 모든 골수에서
혈액 세포가 만들어지지만, 나이가 들면 일부에서만
혈액 세포가 만들어져.

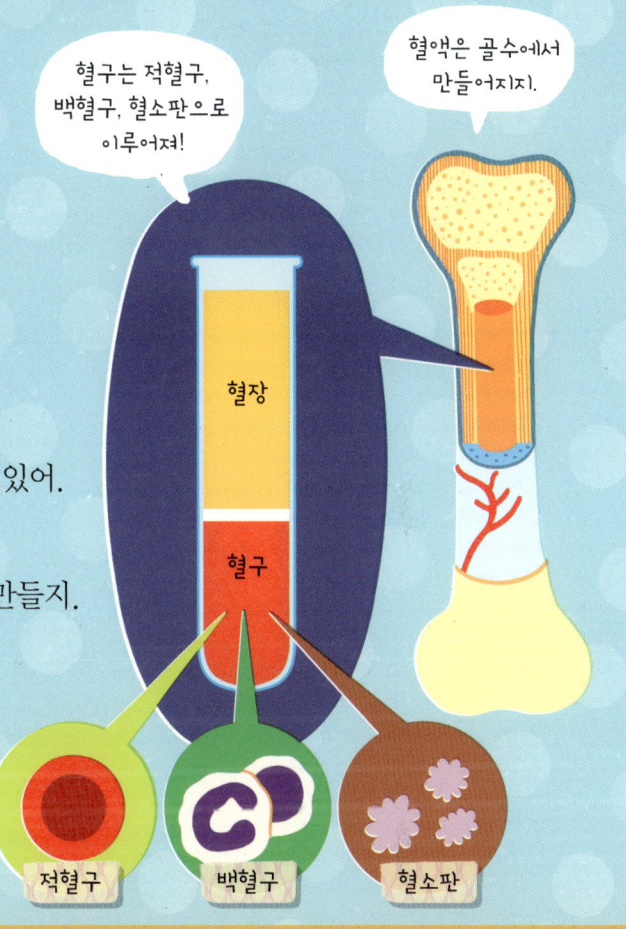

피는 왜 빨간색일까?

상처 부위가 크지 않더라도 피가 나면 너무 무서워.
그건 혈액이 빨간색을 띠기 때문일 거야.
어쩌면 피가 빨간색이라서 우리가 빨강을 강렬하게 느끼는 건지도 몰라.
식물이 초록빛이라서 우리가 초록색을 편안하게 느끼는 것처럼.
혈액이 빨간색인 건 핏속에 적혈구가 아주 많기 때문이야.
유리판에 피를 한 방울 떨어뜨리고 현미경으로 보면
엄청나게 많은 적혈구를 볼 수 있어.
피 한 방울에도 셀 수 없을 만큼 많은 적혈구가 들어 있지.
그리고 적혈구는 **헤모글로빈**이라는 붉은 색소를 많이 포함해.
헤모글로빈을 이루는 철은 산소와 결합하면 붉게 변하는 성질이 있어.
그래서 피가 빨간색을 띠는 거야.

혈액은 무슨 일을 할까?

우리 몸속에는 4L에서 6L 정도의 혈액이 흐르고 있어.
혈액은 우리 몸속에서 몇 가지 중요한 일을 하고 있지.
첫째는 배달원, 둘째는 순찰대, 셋째는 수리공의 일이야.

배달은 내게 맡겨!

외부에서 우리 몸에 반드시 공급해 주어야 하는 물질은 몇 가지가
있어. 탄수화물, 단백질, 지방, 비타민, 무기질과 물 그리고 산소가 가장 중요해.
산소를 제외한 영양소는 한동안 우리 몸에 저장했다가 쓸 수가 있어.
하지만 산소는 잠시도 저장했다가 쓸 수가 없지.
그래서 끊임없이 숨을 쉬어서 산소를 공급해야만 생명을 유지할 수 있어.
혈액 속에 적혈구가 많은 것은 많은 **산소를 배달**하기 위해서야.
적혈구 속 헤모글로빈은 산소가 많은 곳에서 산소와 결합하고
산소가 적은 곳에서는 산소를 떼어 놓는 성질이 있지.
그래서 폐에서 산소를 받아서 온몸의 세포에 공급하는 거야.
혈장은 산소 이외의 거의 모든 물질을 배달해.
온몸 세포에 **영양소를 공급**하고 노폐물을 받아 와서 몸 밖으로 내보내지.

삐뽀삐보, 침입자가 나타났다!

혈액 속 백혈구는 온몸을 순찰하면서 침입자를 찾아다녀.
우리 몸에 병을 일으키는 세균이나 바이러스를 발견하면 작전을 개시해.
어떤 백혈구는 병원체를 쫓아가서 마치 입이 있는 것처럼 꿀떡 삼켜 버려.
병원체를 백혈구 세포 속으로 끌어들여서 녹여 버리는 거야.
또 다른 백혈구는 외부에서 병원체가 침입하면 특수한 딱지를 붙여.
딱지가 붙은 외부 침입자는 공격받기 쉬운 상태가 되지.
병원체를 먹어 치우는 일을 **식균 작용**이라 하고,
병원체에 딱지를 붙여서 제거하기 쉽게 만드는 일을 **면역 작용**이라고 해.

파손 부위를 복구하라!

우리는 사는 동안 크고 작은 사고를 당하고 상처를 입어. 피부가 찢어져서 그 틈으로 피가 흘러나오면 피부가 조금 부어오르면서 피가 너무 많이 흐르지 않도록 해. 동시에 혈소판이 터지면서 특수한 물질을 내보내서 튼튼한 그물망을 만들지.
이 그물망은 적혈구를 얼기설기 엮어서 상처 부위를 덮어. 그러면 더는 피가 흐르지 않게 돼. **지혈 작용**을 하는 거야.
엉긴 혈액은 겉에서부터 단단해져서 딱지가 되고 딱지 밑에서는 혈관과 피부가 천천히 복구되는데 시간이 지나서 치료가 끝나면 오래된 마른 딱지가 떨어져 나와. 임무 완수!

미니퀴즈 궁금증 더하기

사람의 혈액형은 몇 가지가 있을까?

01 ABO식 혈액형(A형, B형, AB형, O형으로 나눔) 한 종류가 있다.

02 ABO식 혈액형과 Rh식 혈액형(Rh+와 Rh-로 나눔) 두 종류가 있다.

03 ABO식 혈액형과 Rh식 혈액형 이외에도 수많은 혈액형이 있다.

정답 · 03

사람의 혈액형은 적혈구에 존재하는 항원이라는 물질에 의해 결정돼. 적혈구 항원은 400개가 넘으므로 그만큼 많은 혈액형이 있어. 하지만 대부분의 혈액형은 수혈할 때 큰 문제를 일으키지 않아. 그래서 ABO식 혈액형과 Rh식 혈액형을 중요하게 다루지.

 **키노트**

혈액은 노란 액체인 혈장과 혈액 세포인 혈구로 이루어져 있어. 혈구에서 가장 많은 것은 적혈구이고, 가장 큰 것은 백혈구야. 그리고 혈소판이라는 작은 세포 조각들이 있어.

구미호는 왜 간을 빼 먹을까?

|초6| 우리 몸의 구조와 기능 |
|중2| 동물과 에너지 - 소화, 배설 |

할머니가 구미호 얘기를 해 주셨어.
구미호는 꼬리(미尾)가 아홉(구九) 개
달린 여우(호狐)라는 뜻이래.
옛날 옛적 예쁜 여자로 둔갑한 구미호가
인간 남자를 사랑해서 결혼했어.
구미호는 사람이 되기 위해 100일 동안
자신의 정체를 숨겨야 했지.
하지만 간을 먹지 못해 점점 허약해진
구미호는 99일 되던 밤 몰래 산으로 가서
무덤을 파헤치고 시체에서 간을 빼먹었대!
나는 오싹오싹 너무 무서웠어.
그런데 구미호는 왜 간을 먹는 걸까?

간은 영양이 풍부해!

간 이야기는 구미호 이야기뿐만 아니라 다른 전설에도 나와.
그리스 신화에서 인간에게 불을 준 영웅 프로메테우스는 제우스의
노여움을 사서 바위에 묶여 독수리에게 간을 쪼이는 형벌을 받지.
별주부전에서는 토끼 간을 먹어야 병이 낫는 용왕을 위해
별주부(자라)가 토끼를 용궁에 데려오는 이야기가 나와.
예전에는 실제로 간이 약처럼 쓰이기도 했어.
빈혈이 너무 심한 사람에게 소의 생간을 먹였거든.
지금은 무서운 기생충에 감염될 위험이 있어서 잘 쓰지 않는 방법이지.
신화나 전설에 간 먹는 이야기가 나오는 것은
간에 영양소가 풍부하기 때문일 거야.
영양소가 풍부해서 잘 상하기도 하지.
그래서 먹잇감을 붙잡은 맹수들은 가장 먼저 간을 먹어 치운다고 해.

토끼 간은 만병통치약!

내장 기관 콘테스트

내장 기관 중에 가장 큰 것은?

우리 가슴과 배 안에 있는 여러 가지 기관을 **내장**이라고 해.
심장, 폐, 간, 위, 작은창자(소장)와 큰창자(대장), 이자, 쓸개, 콩팥이 모두 내장이지.
이 모든 내장 기관 중에 부피가 가장 큰 것은 폐, 질량이 가장 큰 것은 간이야.
붉은 갈색으로 반짝반짝 빛나는 간은 부지런히 일하고 있어.
한 가지 일에 집중하는 다른 기관과 달리, 간은 매우 많은 일을 하지.
소화 과정을 거쳐 흡수한 영양소를 온몸에 공급하고, 우리 몸에 필요한
다양한 화학 물질을 만들고, 다양한 독성 물질을 분해하기도 해.

부피 1등!

질량 1등!

간을 가득 채운 혈액은 어디서 왔을까?

간은 다른 내장 기관보다 많은 혈액을 포함하고 있어.
간을 씹으면서 피를 뚝뚝 흘리는 구미호의 이미지가 여기서 왔지.
간을 포함한 우리 몸의 모든 기관은 심장에서 혈액을 공급받아.
동맥을 통해 폐에서 신선한 산소를 가득 채운 혈액을 받아들이는 거야.
그런데 간은 특이하게도 동맥은 물론 정맥에서도 혈액을 받아.
아주 굵은 정맥을 통해 많은 양의 혈액을 공급받지.
간문맥이라고 하는 이 혈관은 작은창자(소장)와 간을 연결하고 있어.
여기로 흐르는 혈액에는 작은창자(소장)에서 흡수한 영양소가 많이 들어 있지. 간은 이 영양소를 받아서 우리 몸 곳곳에 보내 줘.
식량 배급소 역할을 하는 거야.

쓸개즙을 만드는 곳은?

지방의 소화를 돕는 **쓸개즙**은 **쓸개**라는 작은 주머니에 들어 있어.
쓸개는 쓸개즙의 쓴맛 때문에 이런 이름이 붙었지.
그런데 쓸개즙이 만들어지는 곳은 쓸개가 아니라 간이야.
간에서 만들어져 쓸개에 저장되었다가 창자로 분비되지.

간은 다시 살아난다!

그리스 신화에서 프로메테우스는 바위에 묶이는 벌을 받았어.
날이면 날마다 독수리가 찾아와 프로메테우스의 간을 쪼아 먹었지.
프로메테우스의 간이 밤사이에 다시 멀쩡해졌기 때문이야.
우리 간에서도 신화와 같은 일이 일어나고 있어.
일부가 손상되거나 제거된 간이 다시 자라나는 거야.
간은 4분의 1만 남아 있어도 거의 원래 크기로 자랄 수 있어.
다른 기관에서는 이런 일이 절대 없지.

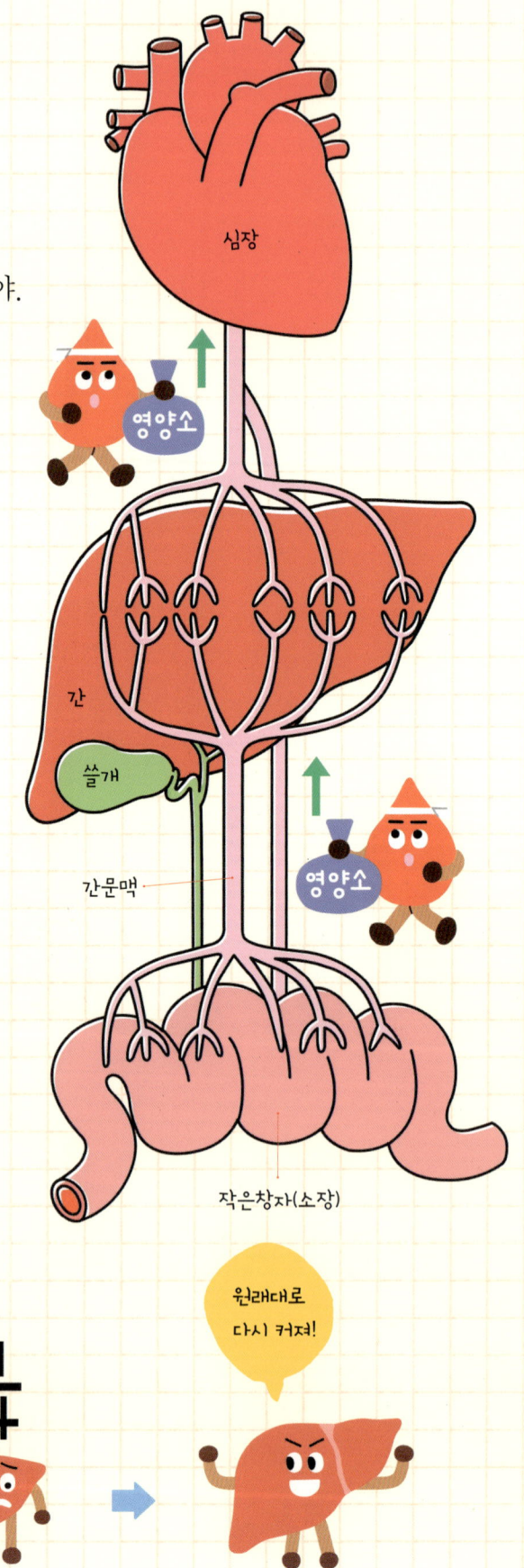

저장하고 내보내고

밥에 들어 있는 녹말은 침의 작용으로 분해되기 시작해서 소화관을 지나가는 동안 점점 작게 분해되어 **포도당**이 돼. 포도당은 우리 몸이 주로 사용하는 에너지원이야. 작은창자(소장)에서는 포도당을 흡수해서 간으로 보내는데, 간에서는 필요에 따라 포도당을 저장하거나 내보내. 혈액에 포도당이 너무 많을 때는 수많은 포도당을 결합해서 **글리코젠**이라는 동물성 녹말의 형태로 저장하지. 그러다가 포도당이 필요해지면 글리코젠을 분해해서 포도당을 내보내. 이렇게 혈액 속 포도당의 양을 적당히 조절하는 거야.

미니퀴즈 궁금증 더하기

단백질을 많이 먹으면 부담스럽다고?

너무 많은 단백질을 포함한 식단은 내장 기관에 안 좋은 영향을 준다고 해. 어느 기관에 영향을 미칠까?

01 간
02 콩팥
03 심장

정답 · 01, 02

단백질이 너무 많은 식사를 하면 간과 콩팥에 부담을 줄 수 있어. 단백질 분해 과정에서 생겨난 많은 양의 암모니아를 간에서 요소로 바꾸고, 다시 콩팥에서 요소를 내보내야 하기 때문이야.

 **키노트** 간은 내장 기관 중에서 질량이 가장 커. 일부가 손상되거나 제거되어도 다시 자라나. 간은 다양한 일을 하는데 간문맥을 통해 영양소를 공급받아 온몸에 보내고, 쓸개즙을 만들고, 포도당을 저장하거나 내보내는 일을 해.

화가 나면 왜 헐크가 될까?

초6 우리 몸의 구조와 기능

중3 자극과 반응 - 호르몬

지난주에 친한 친구와 크게 다퉜어.
축구를 하다가 서로 부딪쳤지.
난 반칙이라고 했고 친구는 아니라고
우겼어. 둘의 언성이 점점 높아졌지.
친구와 싸우는 동안 나는 심장이
쿵쾅쿵쾅 뛰는 걸 느꼈어.
침이 마르면서 목이 타고 온몸에 뜨거운
피가 솟구치는 것 같았지.
꼭 헐크가 된 것 같았다니까.
우락부락하게 생겨서 늘 화가 나 있는
헐크 말이야. 화가 나면 우리는
왜 헐크로 변하는 걸까?

헐크를 만드는 물질이 있다고?

만화나 영화에 등장하는 캐릭터 브루스 박사는 무서운 방사선에 노출된 뒤부터 화가 나면 초록색 괴물 헐크로 변해. 브루스 박사가 헐크로 변하는 것은 **에피네프린**(아드레날린)이라는 물질 때문이야. 에피네프린은 양쪽 콩팥 위에 붙어 있는 **부신**에서 분비되는 호르몬의 이름이지.

호르몬은 무엇일까?

호르몬은 마치 마법을 부리듯이 아주 적은 양으로 우리 몸에 커다란 변화를 일으키는 특별한 화학 물질이야. 우리 몸의 한 부분에서 분비되어 혈액을 타고 *표적 기관으로 이동하지. 싸움할 때 심장이 벌렁벌렁하는 것도 호르몬의 작용이야. 에피네프린이 분비되면 심장이 빠르게 뛰고 혈압이 높아지거든. 혈액이 몸을 움직이는 근육으로 쏠리면서 소화가 잘 안 돼. 또 상대방의 움직임을 잘 포착할 수 있도록 눈동자가 커지고, 많은 에너지를 낼 수 있도록 혈액 속 포도당의 양이 많아지기도 해. 위협을 받아 놀라거나 화가 났을 때 에피네프린이 분비되는 것은 잘 도망치거나 싸울 준비를 하는 거야.

> **표적 기관**
> 특정한 호르몬의 작용을 받는 특정한 기관을 말해.

호르몬은 특수 상황에서만 분비될까?

화가 나는 것 같은 특별한 상황에서만 호르몬이 분비되는 건 아니야.
호르몬의 주 임무는 환경이 변해도 우리 몸이 비슷한 상태를 유지하도록 하는 거지.
우리 몸은 너무 뜨거워도 안 되고 차가워도 안 돼.
고열도 저체온증도 생명을 위협하는 무서운 일이거든.
또 혈액 속에 당이 너무 많아도 안 되고 적어도 안 돼.
당뇨병에 걸리거나 저혈당 쇼크에 빠질 테니까.
또 물이 너무 많아도 안 되고 너무 적어도 안 돼.
이렇듯 우리 몸이 늘 균형 잡힌 상태를 유지하려는 성질을 **항상성**이라고 해.
우리 몸에서는 평소에도 많은 호르몬이 다양한 일을 조절하면서 항상성을 유지해.

호르몬을 분비하는 곳은?

땀이나 소화액을 분비하는 샘을 **외분비샘**이라 하고, 호르몬을 분비하는 샘을 **내분비샘**이라고 해. 우리 몸에는 뇌하수체, 갑상샘, 이자, 난소와 정소 같은 내분비샘들이 있어.

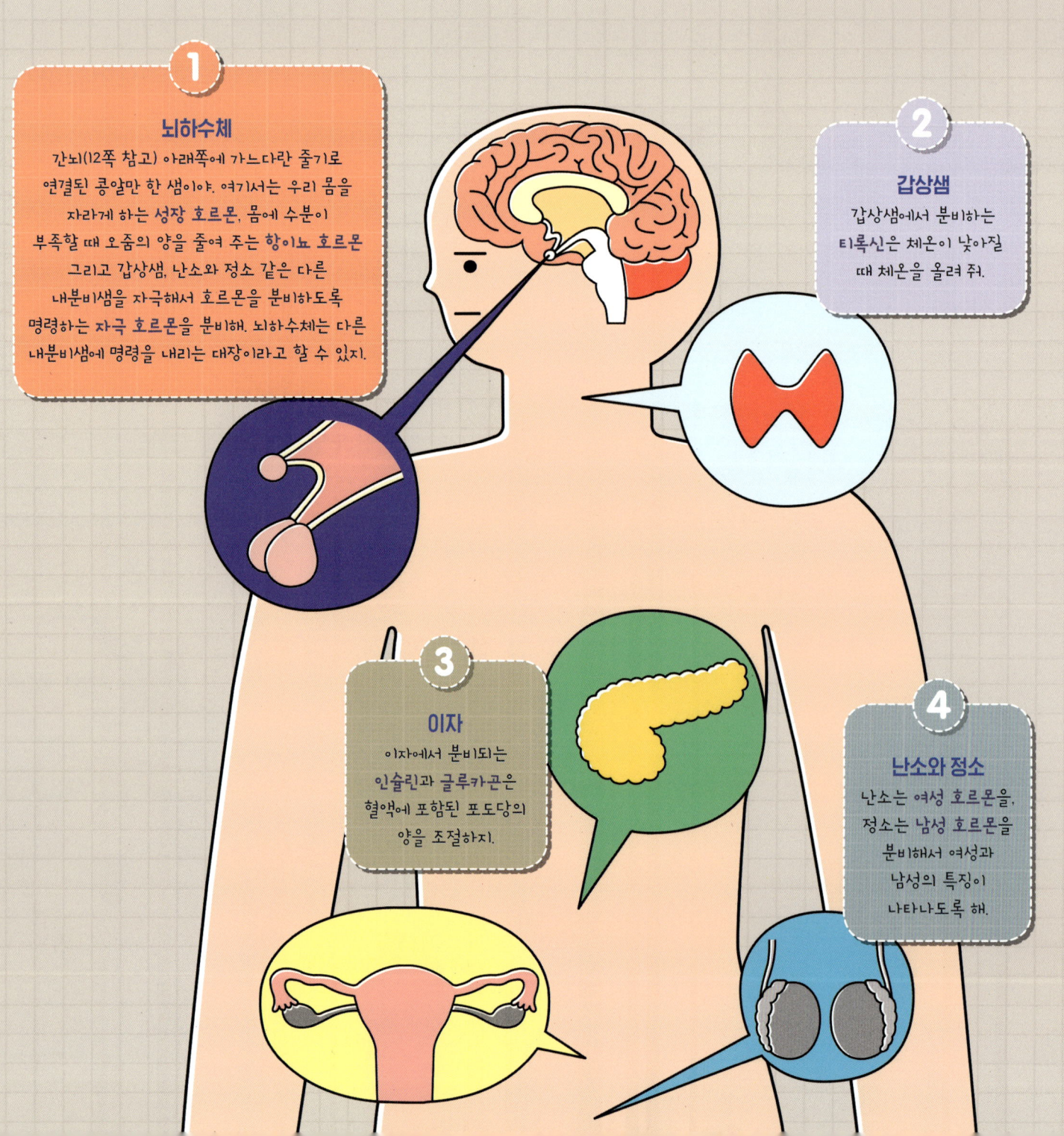

1 뇌하수체
간뇌(12쪽 참고) 아래쪽에 가느다란 줄기로 연결된 콩알만 한 샘이야. 여기서는 우리 몸을 자라게 하는 성장 호르몬, 몸에 수분이 부족할 때 오줌의 양을 줄여 주는 항이뇨 호르몬 그리고 갑상샘, 난소와 정소 같은 다른 내분비샘을 자극해서 호르몬을 분비하도록 명령하는 자극 호르몬을 분비해. 뇌하수체는 다른 내분비샘에 명령을 내리는 대장이라고 할 수 있지.

2 갑상샘
갑상샘에서 분비하는 티록신은 체온이 낮아질 때 체온을 올려 줘.

3 이자
이자에서 분비되는 인슐린과 글루카곤은 혈액에 포함된 포도당의 양을 조절하지.

4 난소와 정소
난소는 여성 호르몬을, 정소는 남성 호르몬을 분비해서 여성과 남성의 특징이 나타나도록 해.

거인이나 소인이 되는 이유는?

자라는 동안 성장 호르몬이 너무 많이 분비되면 거인증,
반대로 너무 적게 분비되면 소인증이 나타나.
다 자란 뒤에 성장 호르몬이 많이 분비되면 말단 비대증이 생기지.
몸의 끝부분, 즉 손발과 코, 턱 등이 유난히 커지는 증상이야.
이렇듯 호르몬은 너무 적게 분비되어도 너무 많이 분비되어도 문제가 돼.
적당한 양이 분비되어야만 건강하게 살 수 있지.

> **키노트**
> 호르몬은 아주 적은 양으로 우리 몸에 커다란 변화를 일으키는 특별한 화학 물질이야.
> 우리 몸에서 호르몬을 분비하는 내분비샘은 뇌하수체, 갑상샘, 이자, 난소, 정소 등이 있어.
> 호르몬이 분비되면 혈액을 타고 표적 기관으로 이동해.

미니퀴즈 궁금증 더하기

외분비샘이기도 하고 내분비샘이기도 한 곳은?

외분비샘이면서 내분비샘이기도 한 곳이 있다고 해. 어디일까?

 이자　 간뇌　 심장　 폐

정답 · 01

이자는 이자액을 분비하는 소화샘(외분비샘)인 동시에 인슐린과
글루카곤이라는 호르몬을 분비하는 내분비샘이야. 혈액 속에
포도당이 너무 많으면 인슐린이 분비되어 혈당량을 낮추고, 혈액 속에
포도당이 너무 적으면 글루카곤이 분비되어 혈당량을 높여.

독감에 걸리면 왜 이렇게 아픈 걸까?

초5 다양한 생물과 우리 생활
초6 우리 몸의 구조와 기능
중2 동물과 에너지 - 순환

애고, 아파!
깨진 독에서 물이 새듯 콧물이 줄줄 흐르고, 이마는 불덩이처럼 뜨거웠지. 온몸이 아팠어. 입맛이 하나도 없고 속은 계속 울렁거렸지. 결국 이비인후과로 향했어.
내 코 안에서 무언가를 끄집어내서 검사를 마친 의사 선생님은 내 병이 A형 인플루엔자로 보인다고 하셨어.
독감(인플루엔자)은 일반 감기와 달리 전염성이 매우 강해서 꼭 마스크를 써야 한다고 하시면서 마스크를 주셨지.
대체 어느 놈이 날 이렇게 아프게 만든 걸까?

독감이 뭐야?

독감이라는 말에는 독한 감기라는 뜻도 있지만, 요즘 독감이라고 하면 인플루엔자를 가리키는 게 보통이야. 독감은 감기보다 전염성이 높은 급성 질환으로 갑자기 심한 증상이 나타나고, 감기보다 더 오래 아프고, 고열 등 위험한 증상을 동반하지. 심하면 목숨을 위협하기도 해. 하지만 독감과 감기는 비슷한 점도 많아. 열이 나고 콧물이 흐르고 기침을 하면서 두통이나 근육통을 앓는 거지. 그리고 무엇보다 독감과 감기는 **바이러스** 때문에 걸린다는 공통점이 있어.

바이러스가 뭐야?

사람들이 다른 사람에게 독감이나 감기 같은 병을 옮기는 것은 병원체가 이 사람 저 사람으로 옮겨 다니기 때문이야. 독감과 감기의 병원체는 바이러스지. 바이러스는 유전 물질을 포함한 작은 단백질 덩어리인데, 생물의 특성도 있고 생물이 아닌 것의 특성도 있어서 생물과 비생물의 경계에 있는 존재라고 할 수 있어. 다른 생물 세포 속에서는 생물처럼 행동하지만, 생물 세포 밖에서는 마치 생물이 아닌 것처럼 결정 상태로 있거든. 독감은 A형과 B형 그리고 C형 인플루엔자 바이러스가 원인이고, 감기는 200여 종의 일반 감기 바이러스가 일으키는 호흡기 질환이야.

바이러스는 해로울까?

이름이 독특하기는 하지만, 바이러스는 희귀한 존재가 아니야. 어디 특별한 곳에만 있는 것이 아니라 이 세상 어디에나 있거든. 바닷물 한 컵에도 수많은 바이러스가 있을 정도니까. 결국 대부분의 *바이러스는 우리 몸에 해를 끼치지 않는다는 뜻이야.

바이러스

우리 몸이 아닌 컴퓨터에 해를 끼치는 바이러스가 있어. 컴퓨터 바이러스는 사용자 몰래 스스로 복제해서 다른 프로그램을 감염시켜 나쁜 영향을 끼치는 컴퓨터 프로그램이야. 생물과 비생물의 경계에 있는 바이러스처럼 자신을 복제해서 감염시키는 특성 때문에 이런 이름이 붙었지.

누가 누가 병을 옮기나?

사람들 사이를 옮겨 다니면서 병을 일으키는 것들은 크게 다섯 종류가 있어.
바이러스, 세균, 원생생물 그리고 균류와 기생충이야.

세균

세균은 박테리아라고도 하는, 가장 원시적인 생물이야.
세포는 있지만, 세포핵(91쪽, 112쪽 참고) 구조는 없지. 하지만 생물과 비생물의 경계에 있는 바이러스와 달리 확실한 생물이야. 세상에는 정말 많은 세균이 있지만, 대부분은 우리 몸에 해를 끼치지 않아. 하지만 몇몇 세균 때문에 무척 해로운 것으로 생각하기 쉽지. 장티푸스, 콜레라, 탄저병, 파상풍, 세균성 이질 같은 병을 옮기는 세균들이야.

원생생물

세균과 달리 세포핵이 있는 단세포 생물이야.
아메바성 이질, 말라리아 등이 원생생물이 일으키는 전염병이지.

균류

효모, 곰팡이, 버섯 종류야.
균류가 일으키는 전염병 중에 가장 유명한 것은 무좀이지.

기생충

우리 몸에 붙어서 영양소를 얻어먹고 사는 벌레들이야. 회충, 편충, 조충(촌충), 디스토마 같은 체내 기생충과 머릿니 같은 체외 기생충이 있어.

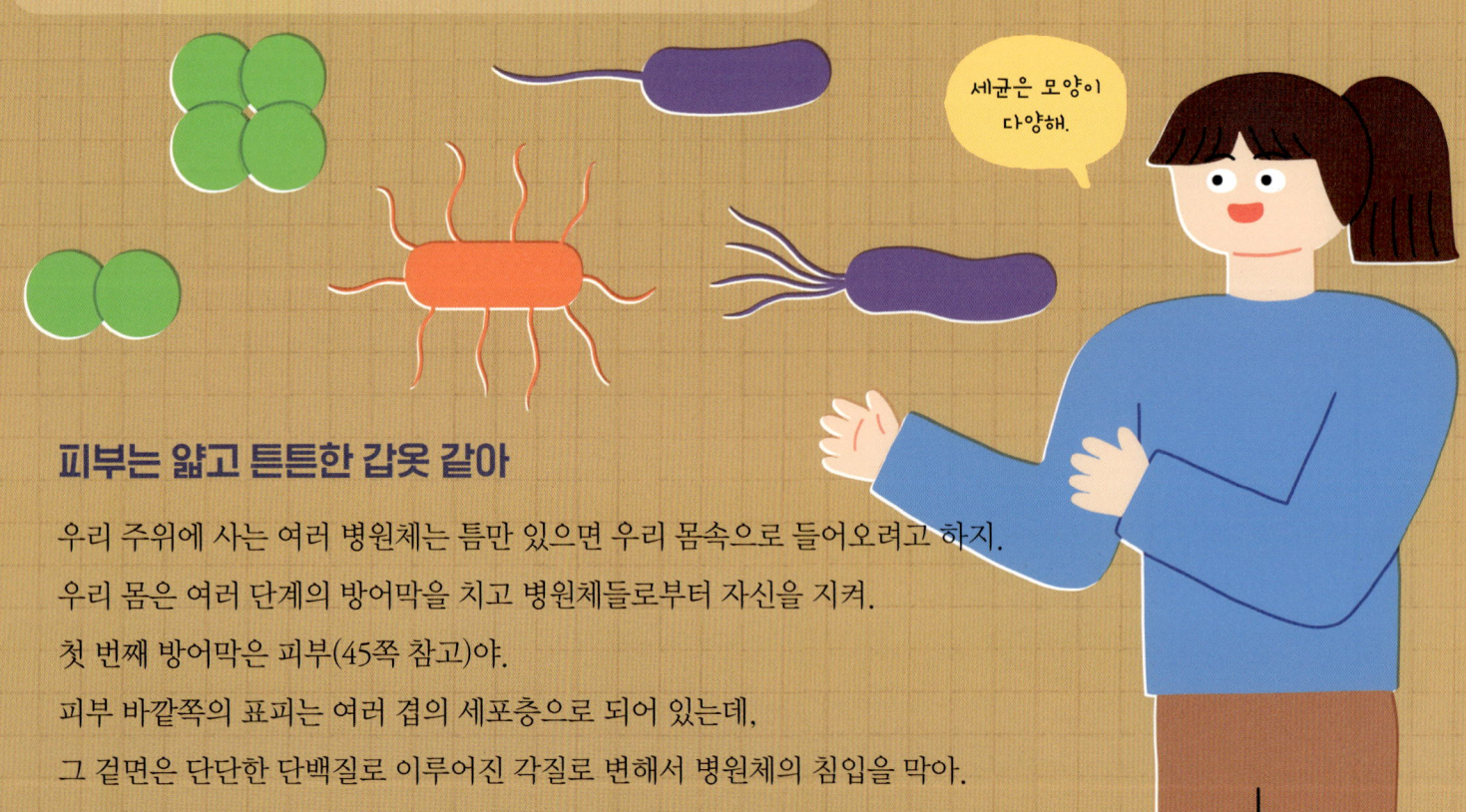

세균은 모양이 다양해.

피부는 얇고 튼튼한 갑옷 같아

우리 주위에 사는 여러 병원체는 틈만 있으면 우리 몸속으로 들어오려고 하지.
우리 몸은 여러 단계의 방어막을 치고 병원체들로부터 자신을 지켜.
첫 번째 방어막은 피부(45쪽 참고)야.
피부 바깥쪽의 표피는 여러 겹의 세포층으로 되어 있는데,
그 겉면은 단단한 단백질로 이루어진 각질로 변해서 병원체의 침입을 막아.
우리가 피부라는 매우 얇고 튼튼한 방수성 갑옷을 입고 있다는 뜻이지.

면역이 뭐야?

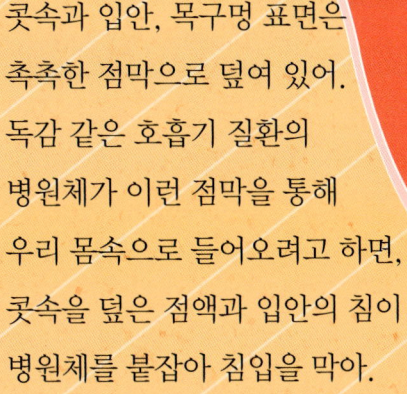

> 혈관 밖을 돌아다니며 활동하는 백혈구도 있어.

콧속과 입안, 목구멍 표면은 촉촉한 점막으로 덮여 있어. 독감 같은 호흡기 질환의 병원체가 이런 점막을 통해 우리 몸속으로 들어오려고 하면, 콧속을 덮은 점액과 입안의 침이 병원체를 붙잡아 침입을 막아. 그래도 일부는 이 방어선을 뚫고 몸속으로 들어올 수 있어. 이 단계에서 반격에 나서는 것이 백혈구(66쪽 참고)가 이끄는 면역계야. 백혈구는 온몸을 누비고 다니면서 병원체를 먹어 치우는 식균 작용과 공격하기 쉬운 상태로 만드는 면역 작용을 해.

질병을 예방하는 백신 접종

백신 접종으로 소아마비, 파상풍, 홍역, 볼거리 등 많은 질병을 예방할 수 있어. 병원체의 독소를 약화하거나 죽여서 만든 백신을 접종하면 우리 몸의 면역계는 실질적인 병원체의 공격에 대비할 수 있지.

 **키노트** 우리 몸에 침입해서 병을 옮기는 병원체는 바이러스, 세균, 원생생물, 균류, 기생충 등 다섯 종류야. 피부의 각질층, 점액, 백혈구는 이들로부터 우리 몸을 지키고 있어.

미니퀴즈 궁금증 더하기

림프샘을 지켜라!

몸이 아프면 목 바깥쪽에 멍울이 잡힐 때가 있어. 림프샘이 붓는 거야. 우리 몸에는 혈액에서 새어 나온 림프라는 투명한 액체가 흐르는 림프관이 퍼져 있는데, 병원체가 침입하면 림프에 병원체가 많아지면서 림프샘이 부어. 이때 림프샘에 모여서 병원체와 싸우는 것은 무엇일까?

01 적혈구

02 백혈구

03 혈소판

정답·02

병원체와 싸우는 혈액 세포는 백혈구야. 병에 걸리면 림프샘에서 백혈구의 일종인 림프구가 많이 만들어져서 림프샘이 붓지.

어떻게 성별을 알까?

초6 우리 몸의 구조와 기능
중3 생식과 유전 – 생식

남아프리카 공화국의 세메냐 선수는 2009년 베를린 세계 육상 선수권 대회 여자 800m에서 우승했어. 사람들은 세메냐의 겉모습을 보고 남자가 아니냐고 의혹을 제기했지. 정밀 조사를 한 주최 측은 세메냐 선수의 여자 종목 출전에 문제가 없다고 밝혔어. 겉으로 드러나지 않는 남성의 생식 기관을 몸속에 갖고 있었지만, 일부러 성별을 바꾸지 않고 여자로 살아왔기 때문에 자격을 유지한 거야. 성별을 구분하는 것도 간단한 일이 아닌 것 같아.

남자와 여자, 무엇이 다를까?

방송이나 책에서 갓난아기가 태어나는 장면을 본 적 있어?
사람들은 갓난아기가 건강한지 살피고 여자인지 남자인지 확인을 해.
어떻게 확인하는지 알지? 부끄러울 거 없어. 우리는 모두 **바깥 생식 기관**을 갖고 있으니까.
생식 기관 가운데 몸 밖으로 드러나 있는 부분을 바깥 생식 기관이라고 해.
그래서 아기가 태어나면 바깥 생식 기관을 확인해서 여자인지 남자인지 알아.
남자는 요도가 있는 **음경** 그리고 2개의 정소가 들어 있는 **음낭**을 갖고 태어나.
여자는 겉으로 튀어나온 부분 없이 몸속에 **자궁**과 2개의 **난소**를 갖고 태어나지. 자궁은 아래쪽 **질**로 연결되고 오줌이 나오는 요도는 그 바로 앞에 있어. 요도와 질이 열린 공간은 **음순**이라는 피부 주름으로 싸여 있지. 어린 아기 몸은 바깥 생식 기관을 제외하면 여자인지 남자인지 구별이 잘 안 돼.
하지만 어른들은 달라. 바깥 생식 기관을 확인하지 않고도 대체로 성별을 구분할 수 있지.
우리 몸이 사춘기에 커다란 변화를 겪기 때문이야.

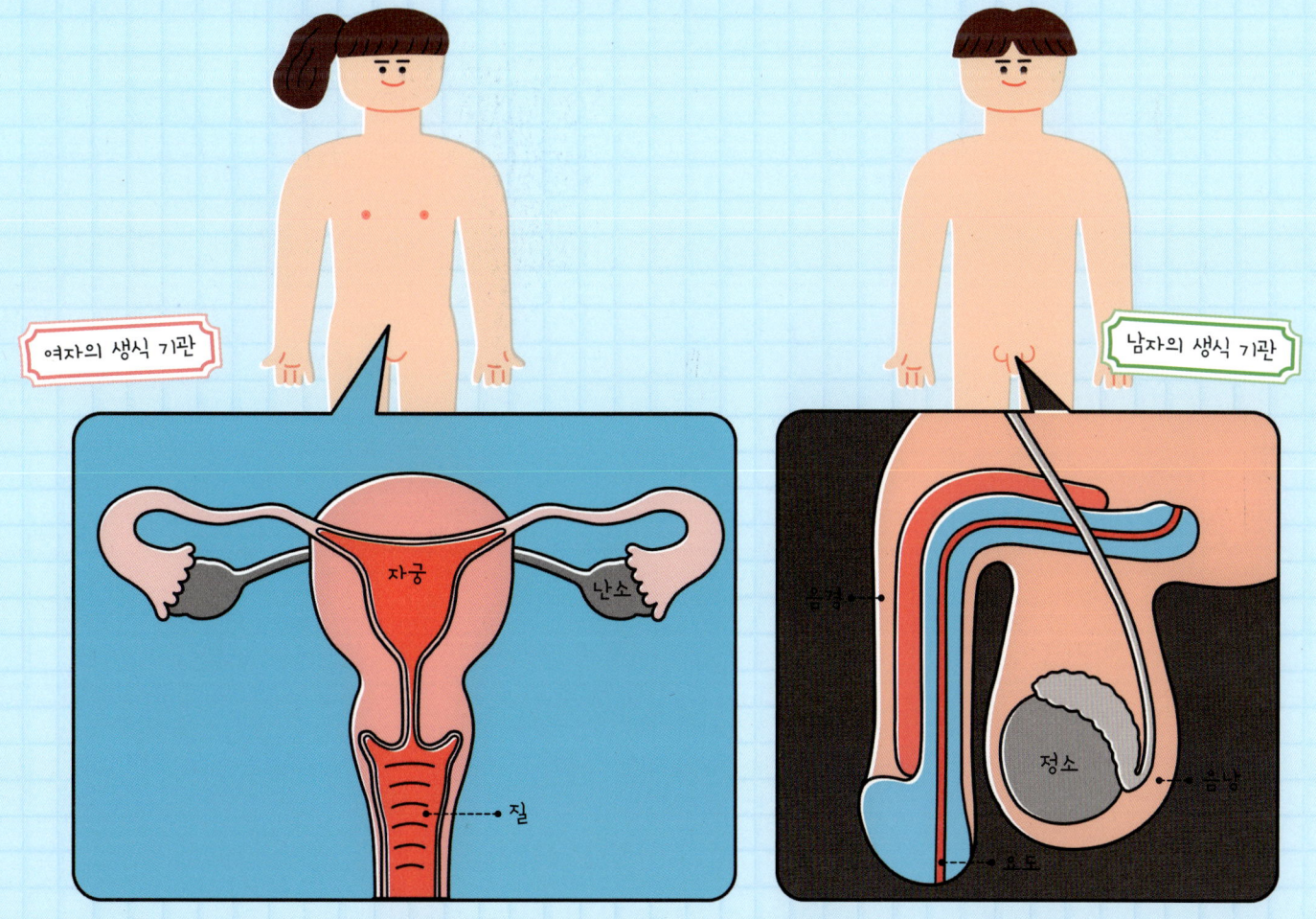

*사춘기가 뭐야?

남자와 여자를 구별해 주는 특징을 **성징**이라고 해.
1차 성징은 태어날 때부터 여자와 남자가 서로 다른 생식 기관을 가진 것을 말하지. 그러다가 사춘기가 오면 1차 성징만 있던 아이들이 서로 다르게 발달하기 시작해. 성호르몬(74쪽 참고)의 작용으로
2차 성징이 나타나는 거야. 여자는 가슴이 나오고, 허리보다 엉덩이가 많이 넓어져. 또 대략 한 달에 한 번 난소에서 난자를 내놓기 시작하면서 생리를 시작하지. 남자는 수염이 나고, 가슴과 어깨가 넓어지고, 바깥 생식 기관이 커져. 남녀 모두 보여 주는 사춘기의 변화도 있어. 겨드랑이와 바깥 생식 기관 주위에 있는 털이 굵어지는 거야.

사춘기
사춘기는 사람의 몸이 어린아이에서 성적으로 성숙한 여성과 남성의 몸으로 변하는 시기야. 사춘기는 보통 11살에서 13살 사이에 시작해서 약 5년 동안 지속되는데, 정소에서 분비되는 남성 호르몬과 난소에서 분비되는 여성 호르몬의 작용으로 2차 성징이 나타나.

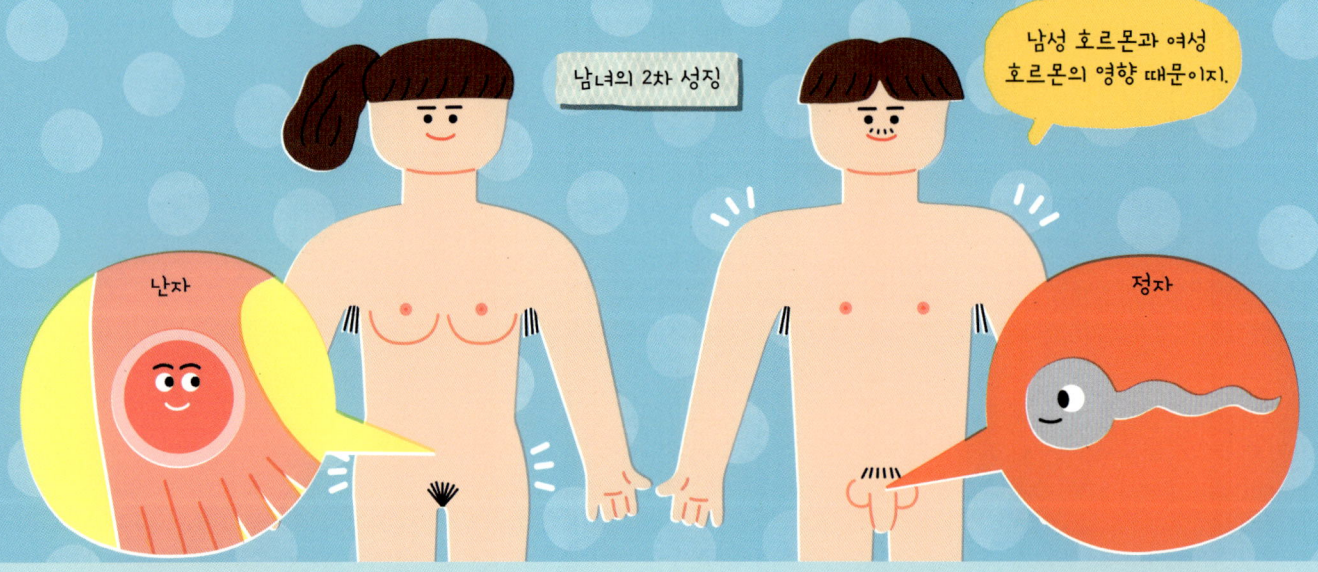

남녀의 2차 성징

남성 호르몬과 여성 호르몬의 영향 때문이지.

2차 성징은 왜 나타날까?

사춘기에 2차 성징이 나타나는 것은 생식 능력을 갖추는 과정이야.
생식은 생물이 자신을 닮은 자손을 만들어서 종족을 유지하는 일인데, 사람은 남녀 구분이 있는 ***유성 생식** 방법으로 아기를 만들어.
사춘기가 오면 여성의 난소는 한 달에 한 번씩 난자를 내보내고, 남성은 정소에서 수많은 정자를 만들기 시작해.
이 생식 세포들이 결합하면 새 생명이 탄생하지.

유성 생식
수컷과 암컷의 생식 세포가 결합하여 새로운 생명을 만드는 거야. 반대로 무성 생식은 수컷과 암컷의 결합 없이 이루어지는 생식을 말해.

성장통이란 무엇일까?

사춘기에는 남녀 모두 매우 빠르게 자라는 급성장기가 있어. 몇 달 만에 신발이 작아지거나 바지가 짧아지기도 하지. 몸이 급하게 자라는 시기에는 움직임이 둔해지거나 아픈 증상이 나타나기도 해. 무릎과 발목, 허벅지, 정강이가 욱신욱신 쑤시거나 근육 경련이 일어나기도 하지.
이렇게 몸이 갑자기 자랄 때 생기는 통증을 **성장통**이라고 해. 몸이든 마음이든 아픈 만큼 더 자라는 건지도 몰라.

키노트
남녀의 차이를 구별해 주는 것을 성징이라고 해. 1차 성징은 태어날 때부터 남녀가 서로 다른 생식 기관을 가진 것이야. 사춘기에는 성호르몬의 작용으로 2차 성징이 나타나. 2차 성징은 생식 능력을 갖추는 과정이야.

미니퀴즈 궁금증 더하기

목 속에 뭐가 들어 있을까?

어른 남자 중에는 목 정면 가운데가 불룩 솟아오른 사람들이 많아. 후두 융기, 또는 울대뼈라는 부분이야. 그 속에는 뭐가 들어 있을까?

01 목에 걸린 사과 씨

02 목소리 내는 기관

03 공기 방울

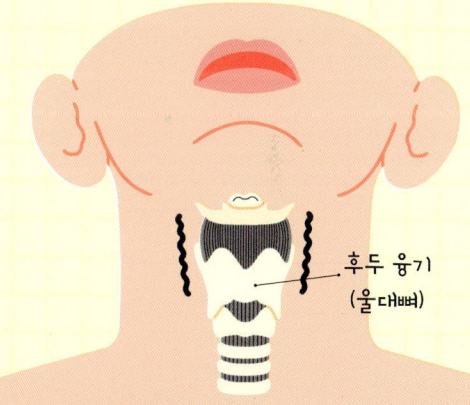
후두 융기 (울대뼈)

정답 · 02

목소리 내는 기관을 성대라고 해. 성대에는 인대가 2개 있는데, 우리가 숨을 내쉬는 동안 이것들이 바이올린 현처럼 진동하면서 소리가 나. 남자들은 사춘기에 성대가 커지면서 목소리가 낮고 굵어져. 그래서 후두 융기가 튀어나오기도 하지. 성대가 클수록 낮은 소리가 나는 건 실로폰의 긴 건반에서 낮은 소리가 나는 것과 같아.

사람도 알이 있을까?

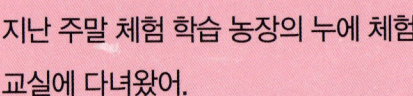
우리 몸의 구조와 기능

생식과 유전 - 생식

지난 주말 체험 학습 농장의 누에 체험 교실에 다녀왔어.
난 이번 체험을 통해 누에가 누에나방의 애벌레라는 것을 알았어.
뽕잎만 먹고 자란 누에가 아름다운 비단실을 내어 고치를 짓는다는 것도 알게 되었지.
누에의 한살이에 관해 배우면서 갑자기 이런 생각이 들었어. 누에도 알에서 깨어나고, 물고기도 알에서 깨어나고, 새들도 개구리도 모두 알에서 깨어나는데 사람은 왜 알이 없을까?

사람 몸에서 가장 큰 세포는?

사람 몸은 약 100조 개 세포로 이루어져 있어.
그중에 가장 큰 세포는 모래알만 해서 현미경 없이 맨눈으로 볼 수 있지.
그건 바로 여성의 몸에만 있는 **난자**라는 세포야. 난자는 알이라는 뜻이야. 사람도 알이 있다는 거지.
사람 알은 달걀이나 타조 알, 개구리 알과는 비교도 안 될 만큼 작아.
또 단단한 껍데기도 없고 많은 영양소가 들어 있지도 않아.
사람을 비롯한 포유류는 엄마 몸속 자궁에서 알을 기르기 때문이지.
물론 엄마 혼자 만든 난자에서는 아기가 자라지 않아.
수정란이 되어야 아기로 자라기 시작하지.

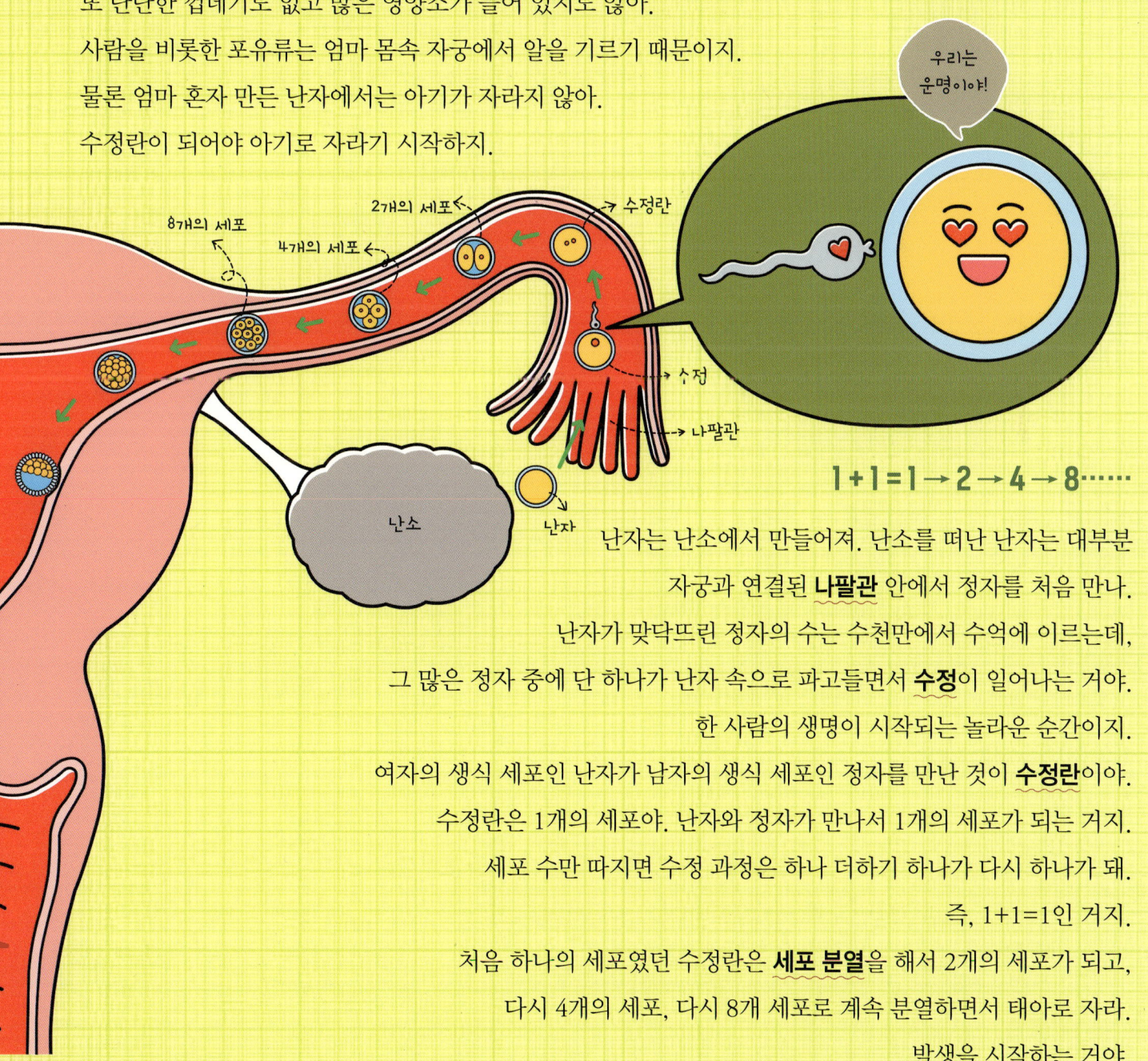

$1+1=1 \rightarrow 2 \rightarrow 4 \rightarrow 8 \cdots\cdots$

난자는 난소에서 만들어져. 난소를 떠난 난자는 대부분 자궁과 연결된 **나팔관** 안에서 정자를 처음 만나.
난자가 맞닥뜨린 정자의 수는 수천만에서 수억에 이르는데, 그 많은 정자 중에 단 하나가 난자 속으로 파고들면서 **수정**이 일어나는 거야.
한 사람의 생명이 시작되는 놀라운 순간이지.
여자의 생식 세포인 난자가 남자의 생식 세포인 정자를 만난 것이 **수정란**이야.
수정란은 1개의 세포야. 난자와 정자가 만나서 1개의 세포가 되는 거지.
세포 수만 따지면 수정 과정은 하나 더하기 하나가 다시 하나가 돼.
즉, 1+1=1인 거지.
처음 하나의 세포였던 수정란은 **세포 분열**을 해서 2개의 세포가 되고, 다시 4개의 세포, 다시 8개 세포로 계속 분열하면서 태아로 자라.
발생을 시작하는 거야.

발생이 뭐야?

식료품점에서 유정란이라고 이름이 붙은 달걀을 본 적 있지?
유정란은 수탉과 짝짓기를 한 암탉이 낳은 수정란이야.
유정란이 있으니 무정란도 있을까?
맞아, 짝짓기하지 않은 암탉이 낳은, 수정되지 않은 달걀이 무정란이야.
음식을 만들 때는 유정란도 무정란도 그냥 달걀일 뿐이지.
하지만 그것들을 어미 닭이 품거나 부화기에 넣으면 놀라운 차이가 생겨.
약 21일 후 유정란에서는 병아리가 나오지만, 무정란은 그냥 상해 버리거든.
수정이 일어난 순간 달걀 안에는 작은 세포 하나밖에 없었어.
이 세포가 계속 세포 분열을 하고 달걀의 풍부한 영양소를 이용해서 점점 크게 자랐지.
그동안 어떤 세포들은 근육이 되고, 어떤 세포들은 뼈와 피부가 되었어.
어떤 세포들은 깃털이나 혈액이 되고, 또 어떤 세포들은 신경을 이루었지.
서서히 알에서 병아리로 변한 거야.
단순한 수정란이 자라 복잡한 형태를 갖춘 개체가 되는 일을 *발생이라고 해.

발생
수정란은 세포 분열을 계속해서 세포 수를 늘려. 점점 수가 불어난 세포들은 위치에 따라 특수한 모양과 기능을 갖추면서 서로 다른 세포로 분화해. 그 과정에서 단순한 수정란이 복잡한 형태를 갖춘 개체가 되지. 그 일이 발생이야.

요리조리 실험실

  21일 후 →

유정란 무정란   유정란 무정란

사람도 발생할까?

물론이야.
몸이 여러 세포로 이루어진 모든 동물은 발생 과정을 통해 세상 빛을 보거든.
하나의 단순한 수정란에서 생명이 시작해서 아기가 태어나지.
그런데 병아리의 발생과 사람의 발생은 중요한 차이점이 있어.
병아리는 어미 몸 밖에 있는 알껍데기 속에서 발생 과정을 거치지만,
사람은 엄마의 자궁 속에서 발생한다는 거야.

사람은 어떤 발생 과정을 거칠까?

수정란은 세포 분열을 하면서 자궁으로 내려와서 자궁벽에 자리를 잡아. 발생 초기에는 세포들이 공 모양을 이루면서 모여 있지. 하지만 시간이 지나면서 이 세포 덩어리는 머리와 꼬리가 있는 **배아**가 되는데 수정 한 달 뒤에는 사과 씨만 한 배아가 양수라는 액체 속에 떠 있어. 두 달이 지나면 사람의 모습을 갖추어 **태아**로 불리기 시작해. 석 달이 지나면 뇌와 팔다리, 중요한 기관들이 생기고 점점 크게 자라서 온전한 사람의 형태를 갖추지. 모든 사람은 아홉 달 동안 발생 과정을 무사히 마치고 이 세상에 나왔어. 나도, 너도, 우리 모두!

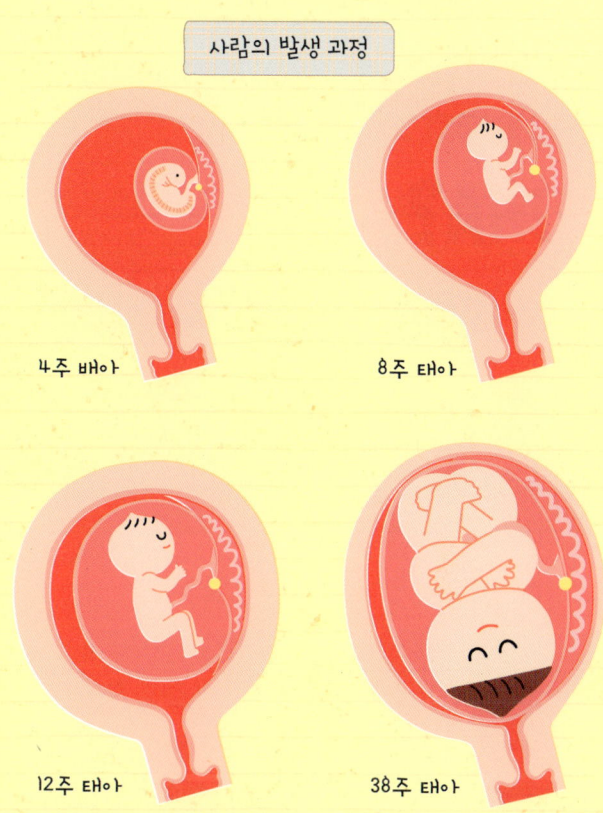

사람의 발생 과정
4주 배아
8주 태아
12주 태아
38주 태아

키노트

난소에서 만들어진 난자가 단 1개의 정자와 만나는 것을 수정이라고 해. 수정이 이루어진 세포를 수정란이라고 부르지. 수정란은 끊임없이 세포 분열을 해서 복잡한 개체가 되는 발생이 일어나. 사람은 자궁에서 발생 과정이 이루어지지.

미니퀴즈 궁금증 더하기

이 기관의 이름은 무엇일까?

모체의 자궁 속에는 엄마의 혈액에서 영양소와 산소를 받아 태아에게 전달하는 둥글넓적한 기관이 있어. 이 기관과 태아 사이는 긴 줄로 연결되어 있지. 이 원반 모양의 기관과 긴 줄을 무엇이라고 할까?

 태반, 탯줄   태양, 힘줄

정답 · 01

태반은 아기가 태어난 뒤 모체 밖으로 나와. 아기 배꼽과 연결된 탯줄은 태아의 생명줄이야.

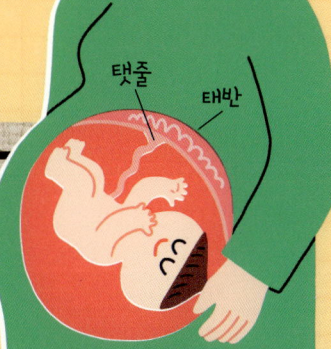
탯줄
태반

내 혈관 속 DNA?

초5 다양한 생물과 우리 생활
초6 우리 몸의 구조와 기능
중3 생식과 유전 – 생식

'첫눈에 널 알아보게 됐어.
서로를 불러왔던 것처럼
내 혈관 속 DNA가 말해 줘.'
노래를 흥얼거리는데 친구가 말했어.
"내 혈관 속 DNA는 좀 이상한 것 같아.
혈관 속에는 혈액이 흐르잖아. 그런데 적혈구에는
세포핵이 없거든. 세포핵은 DNA를 포함한 부분이야.
그러니까 적혈구에는 DNA가 없다는 얘기지.
그런데 혈관 속 DNA라고 하니까 좀 이상해."
친구 얘기는 꽤 그럴듯했어.
친구 말처럼 내 혈관 속 DNA는 정말 없는 걸까?

내 혈관 속 DNA!

결론부터 말하면 우리 혈관 속에는 DNA가 있어.
그것도 아주 많이.
혈액에는 세포핵 없는 적혈구뿐만 아니라 핵이 있는 백혈구도 들어 있거든.
우리 피 한 방울(1000분의 1mL)에만 4천 개가 넘는 백혈구가 들어 있고,
모든 백혈구 세포의 핵에는 DNA가 들어 있지.
범죄 현장에서 범인의 DNA를 채취한다는 이야기를 들어 본 적 있을 거야.
수사관들은 현장에 남은 혈액, 침, 머리카락, 심지어 땀 같은 것에서도 DNA를 채취해.
이런 물질이 조금만 남아 있어도 DNA를 채취할 수 있지.
혈액에는 백혈구가 있고 털뿌리에도 세포가 있으니 당연히 그럴 테지만,
침이나 땀에는 세포가 없을 텐데 어떻게 그런 일이 가능할까?
우리 몸의 모든 체액에 **세포**가 들어 있기 때문이야.
100조 개에 이르는 세포 중 떨어져 나온 것들이 침과 땀에도 떠다니고 있거든.
결론은 내 혈관 속 DNA라는 노랫말은 틀린 말이 아니라는 거!
그렇지만 혈관과 DNA 사이의 간격이 너무 커서
내 세포 속 DNA라고 하면 더 좋았을 것 같지만.

백혈구

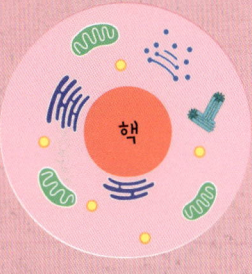
세포

몸을 만들어 볼까?

잠시 눈을 감고 나 자신의 몸을 만든다고 생각해 봐.

재료는 충분히 있어.

어디서부터 만들 생각이야?

몸속에서부터 만들까, 아니면 겉에 틀을 잡아 놓고 그 안을 채울까?

내 몸을 똑같이 만들어 보겠다고 생각하면 바로 알게 될 거야.

내 몸이 엄청 복잡하다는 것을, 내가 내 몸을 잘 모른다는 것도.

몸을 만들려면 우선 뼈대를 세우고 거기에 인대와 힘줄, 근육, 혈관, 피부를 붙여야 해.

내장도 근육과 혈관, 점막 상피를 붙여 하나하나 모양을 만들고 혈액을 채워야지.

지방도 적당히 넣어 주고, 감각을 전달하고 근육을 움직일 섬세한 신경도 배치해야 해.

이런, 소화 효소와 신경 전달 물질, 호르몬을 잊어버렸네.

생각할 게 너무 많아 골치가 아파.

하지만 지금까지 생각한 건 아무것도 아니야.

훨씬 더 복잡한 과정이 남아 있거든.

인간 만들기

Level 1

뚝딱뚝딱.

이렇게 저렇게.

아이고, 골치야!

세포 만들기

겉에서 보면 매끈해 보이지만, 사실 우리 몸은 수많은 작은 방으로 되어 있어.
100조 개에 이르는 많은 세포로 이루어져 있다는 뜻이야.
그런데 그 세포 속에는 **핵**도 있고, **세포막**도 있고, **미토콘드리아**도 있어.
다른 세포 소기관들도 있고 다양한 화학 반응을 일으키는 효소들도 있어.
그러니까 우리 몸을 똑같이 만들려면 이 모든 세포를 만든 다음 하나하나 붙여야 해.

설계도가 필요해

디자이너라고 하면 옷을 만드는 의상 디자이너가 먼저 떠오를 거야.
하지만 다른 많은 분야에도 디자이너가 있어.
건축물을 설계하거나 공장에서 만드는 상품의 형태나 장식을 고안하는 사람들이지.
디자이너들은 자신이 생각한 것을 설계도로 그려 내.
작품의 구조, 모양, 크기 등을 그림으로 나타내는 거야.
만들려는 작품이 복잡할수록 설계도에는 더 많은 정보가 포함될 거야.
우리 몸처럼 복잡한 작품을 만들기 위한 설계도에는 정말 많은 정보가 들어 있겠지?

DNA, 생명의 비밀을 담은 설계도

만일 내 몸을 만들기 위한 설계도가 있다면, 그건 내 생명이 시작한 하나의 수정란에 들어 있어야 해.
"잠깐만요, 수정란은 모래알만 하다고 하지 않았나요?"
맞아, 모래알보다 훨씬 더 작은 세포핵 안에 그 놀라운 설계도가 들어 있지.
DNA라는 아주아주 가늘고 긴 화학 물질의 구조에 있어.
생식 세포의 핵을 제외한 사람의 세포핵에는 46개의 **염색체**가 들어 있어.
염색체는 DNA라는 화학 물질과 단백질로 이루어지는데, 사람의 유전 정보는 DNA에 담겨 있어.
DNA는 네 종류의 구성단위(뉴클레오타이드라고 해)가 두 줄로 길게 이어져
살짝 꼬인 사다리 모양을 이루는데, 각 구성단위가 암호문의 네 가지 부호처럼
작용해서 매우 많은 양의 유전(101쪽 참고) 정보를 기록해.

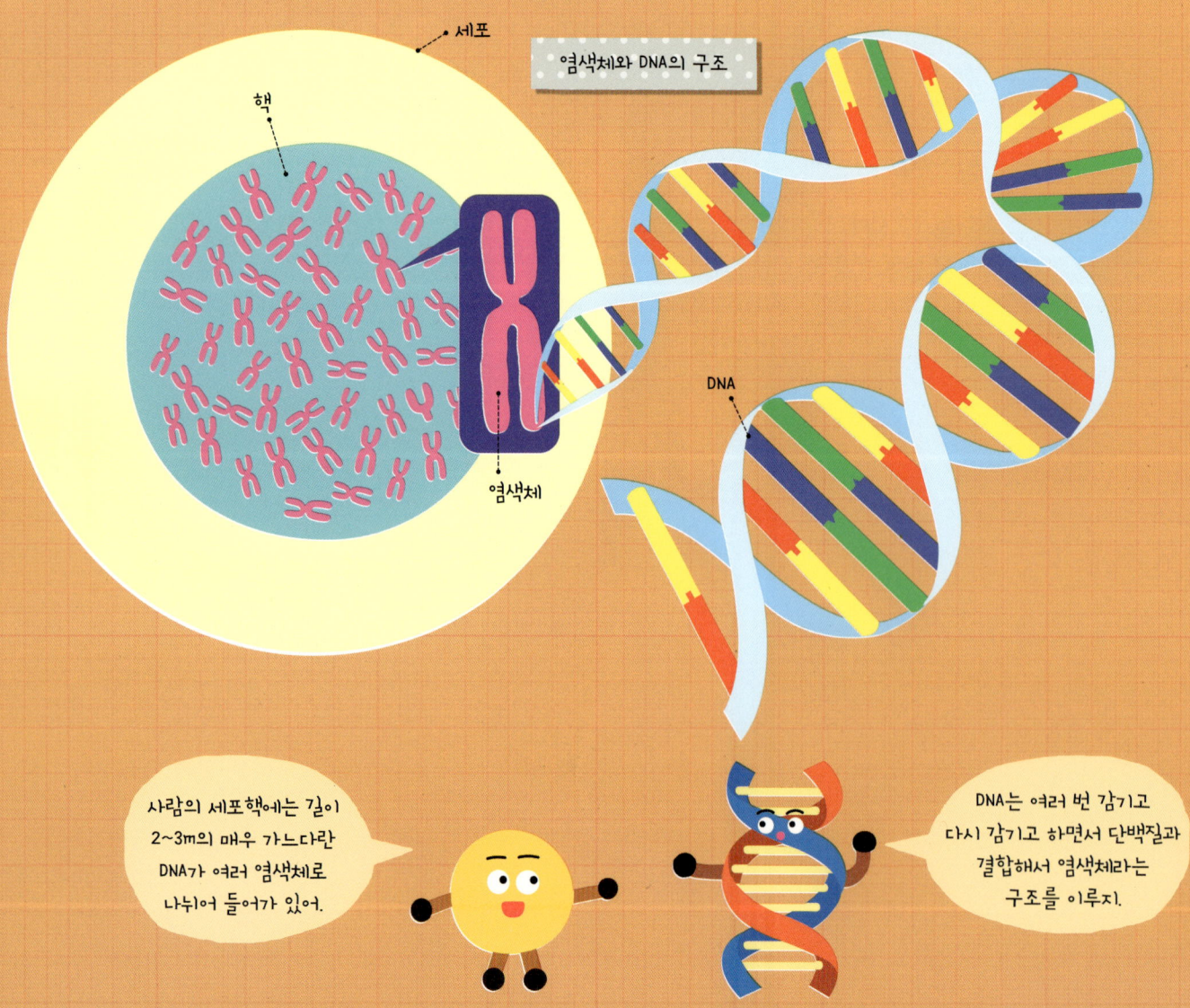

 **키노트**
DNA는 사람의 유전 정보를 담고 있는 인체의 설계도야. 우리 몸은 100조 개에 이르는 세포로 되어 있고, 세포핵에는 46개의 염색체가 들어 있어. 염색체는 DNA라는 화학 물질과 단백질로 구성돼.

미니퀴즈 궁금증 더하기

모든 세포의 DNA를 이어 붙인 길이는?

만약 한 사람의 몸에 있는 모든 세포의 DNA를 모두 꺼내서 이어 붙이면 그 길이는 대략 얼마일까?

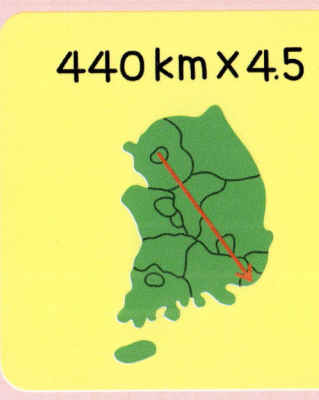

01 2천km **02** 2천만km **03** 2천억km

정답 · 03

2천억km야. 2천억km는 무려 지구와 태양 사이를 수백 번 왕복할 수 있는 거리야.

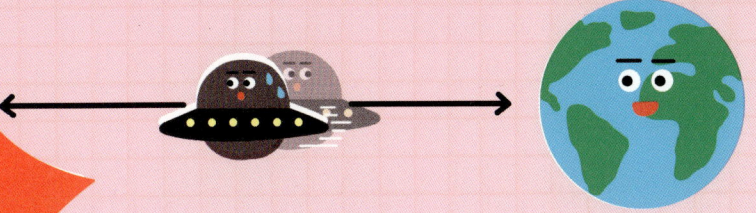

로봇도 죽을까?

초6 우리 몸의 구조와 기능
중3 생식과 유전 - 생식, 유전

동생은 얼마 전부터 미니카와 카드가 붙으면 로봇으로 변신하는 장난감에 푹 빠져 있어. 구호를 외치면서 친구들과 경기를 하기도 해. 난 처음에는 별로 관심이 없었지만, 동생과 같이 애니메이션을 보고 나니 미니카들이 아주 특별해 보이더라고. 로봇으로 변신하는 자동차가 있다면 얼마나 좋을까? 그런데 동생이 기운이 하나도 없는 모습으로 들어왔어. 가장 아끼던 미니카를 실수로 부서뜨렸다는 거야. 속상해하는 동생을 보고 이런 생각이 들었어. 로봇도 죽음을 맞을까, 아니면 로봇은 죽지 않을까?

로봇은 죽지 않아

다른 기계들처럼 로봇도 오래 사용하면 여기저기 고장이 나서 멈춰 설 거야.
그렇다고 로봇이 죽었다고 할 수 있을까?
아니야. 고장 난 부분에 새 부품을 바꿔 넣으면 다시 움직일 테니까.
죽음이란 다시는 돌이킬 수 없는 사건이야.
다시 원상태로 돌아간다면 죽음이라 할 수 없겠지.

세포의 죽음

사이보그라는 말 들어 봤어? 뇌를 제외한 신체 부분에 기계 장치를 이식한 개조 인간이지.
SF의 미래 세계에 자주 등장하는데, 본래 인간이었으니 로봇과는 다른 존재야.
전자 의족이나 인공 심장, 인공 콩팥 등은 이미 많은 연구가 이루어지고 있어.
그런데 말이야…… 사이보그가 고장 난 인체 부분을 새 부품으로 교체하는 거라면
인체의 세포 수준에서는 이미 똑같은 일이 일어나고 있어.
1초 동안에만 수백만 개의 늙은 세포가 새 세포로 교체되고 있으니까.
지금, 이 순간에도 수많은 세포가 태어나서 자라고 늙고 죽어 가고 있지.

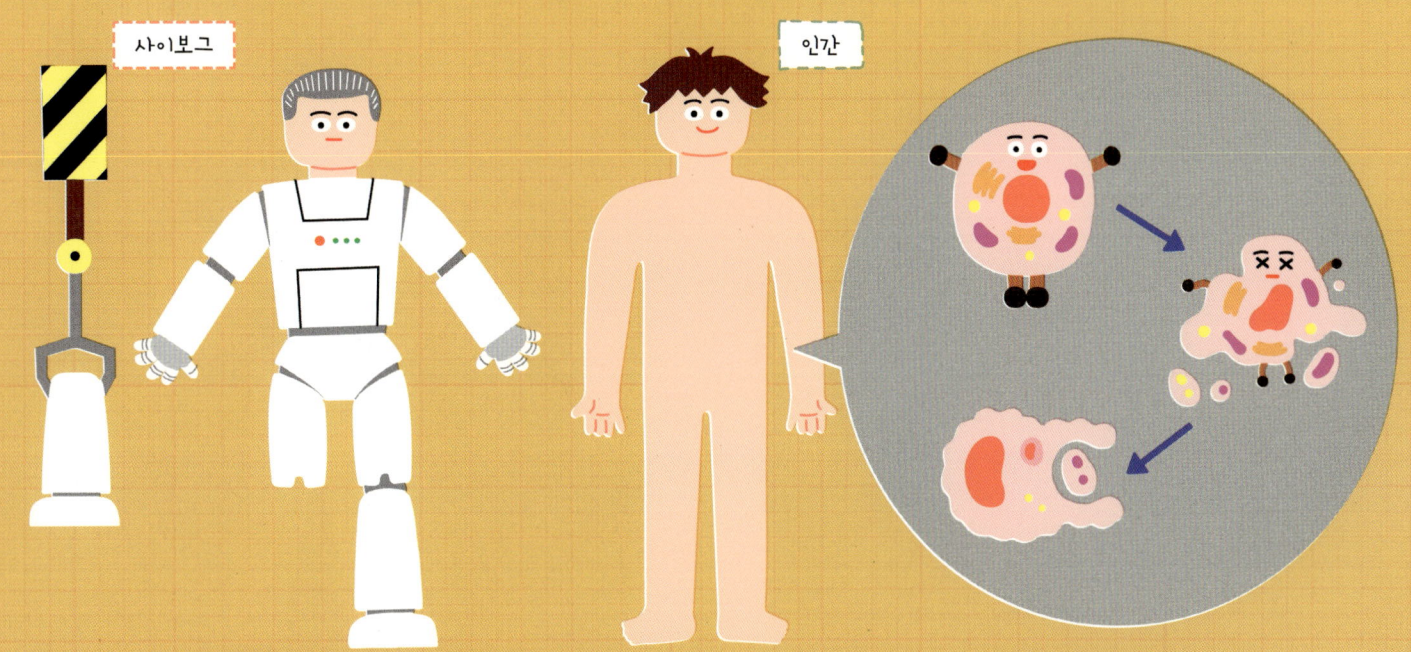

세포는 왜 죽음을 맞을까?

거의 모든 종류의 세포가 죽음을 맞고 새것으로 교체되는 까닭은
인체에서 일어나는 생명 활동이 세포에 손상을 입히기 때문이야.
손상 입은 세포가 많은 인체 기관은 제대로 기능할 수가 없지.
세포의 수명은 세포의 종류에 따라 달라. 적혈구는 약 4개월 동안
산소를 실어 나르다가 죽음을 맞아. 하지만 백혈구는 종류가 많아서
며칠 사는 것부터 1년 넘게 사는 것까지 있어.
피부 세포는 2주에서 3주면 다른 세포로 교체되지.
그런데 죽은 뒤 새 세포로 교체되지 않는 것도 있어.
뇌를 이루는 신경 세포들이야.
뇌의 신경 세포들은 우리가 익힌 기술과 지식,
기억 같은 것들을 담고 있어.
오래된 뇌세포들이 죽고 새 세포들로 교체된다면
우리는 완전한 백지상태에서 다시 모든 것을 익히고 배워야 할 거야.

늙는다는 것은 무엇일까?

사람은 출생 후 약 25년 동안 점점 자라고 점점 강해져.
그래서 사람들은 대부분 25살 무렵에 가장 단단한 뼈와
튼튼한 근육을 갖고 있지. 뇌를 비롯한 거의 모든 인체 기관이
그때 전성기를 맞아. 그 뒤에는 정신과 신체의 거의 모든 기능이
서서히 떨어지기 시작해. 그러다가 50세가 지나면서 상당히 빠른
속도로 **노화** 현상이 진행되지. 피부가 얇아지면서 주름이 생기고,
머리카락이 가늘고 하얗게 변하고, 근육과 뼈가 약해지고, 감각이
둔해지기도 해. 거의 모든 세포의 활동이 서서히 느려지기 때문이지.
그러다가 결국 중요한 기관계들이 제 기능을 못 하면 죽음을 맞는 거야.

무엇이 노화를 일으킬까?

어떤 사람도 노화와 죽음을 피할 수 없어. 노화의 가장 근본적인 원인은 세포가 늙는다는 거야. 노화한 세포가 너무 많아지면 우리 몸은 스스로 기능을 멈추지. 세포의 노화는 세포핵 속의 염색체 그리고 DNA(92쪽 참고) 구조와 관련이 있어. DNA가 우리 몸을 만드는 설계도와 함께 죽음의 설계도를 품고 있지.

텔로미어의 비밀

세포핵 속 염색체의 끝부분에는 **텔로미어**라는 구조가 있어. 몇 개의 DNA 구성단위들이 같은 순서로 수천 번 반복해서 나타나는 부분이야. 과학자들은 이렇듯 특이한 구조를 이룬 텔로미어가 염색체를 보호해 준다고 생각해. 문제는 세포가 분열해서 새 세포들을 만들 때마다 텔로미어가 조금씩 짧아진다는 거야. 텔로미어가 너무 짧아지면 세포는 더 분열하지 못하는 상태가 되어서 늙은 세포를 대신할 새 세포를 만들지 못하고 죽음을 맞아. 어떤 사람의 몸에서 이런 일이 일어난다면 그 사람은 더 삶을 지탱할 수 없지.

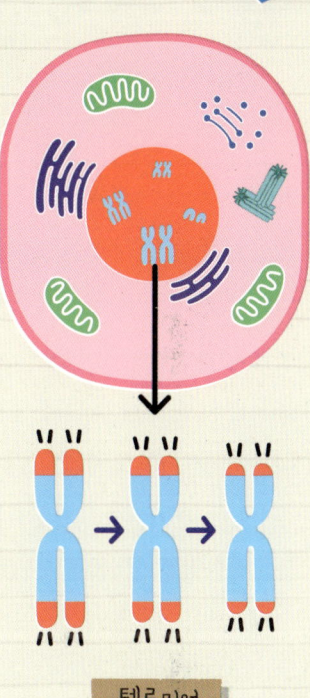

텔로미어

 인체의 세포는 태어나고 자라서 늙고 죽는 과정을 끊임없이 반복해. 모든 세포의 활동이 서서히 느려지고 세포가 늙는 것을 노화라고 하지. 염색체 끝부분의 텔로미어가 짧아지면 세포가 분열하지 못해 죽음을 맞게 돼.

미니퀴즈 궁금증 더하기 — 노화가 일어나면 어떻게 될까?

노화의 증상으로 볼 수 없는 것을 찾아봐.

01. 피부가 두꺼워진다.
02. 관절이 닳아서 걷기가 힘들다.
03. 이와 잇몸이 약해져서 이가 잘 빠진다.
04. 뼈가 가늘어지고 약해지는 뼈엉성증이 생긴다.
05. 털뿌리에서 멜라닌을 만들지 못하면서 머리카락이 희어진다.

정답 · 01

노화가 진행되면 피부가 얇아지고 약해져서 피부가 상하고 주름이 생기기 쉬워. 노인들은 이런저런 불편을 겪지만, 현대 의학의 발달로 도움을 받고 있어.

같은 얼굴
다른 옷!

초5 다양한 생물과 우리 생활

초6 우리 몸의 구조와 기능

중3 생식과 유전 – 생식, 유전

지난주 우리 반에 서준이가 전학을 왔어.
선생님은 내 앞자리로 좌석을 정해 주셨지.
나는 서준이와 금세 친해졌어.
운동장에서 축구를 하는데 서준이가 지나가는 게 보였지.
웃으면서 손짓을 했는데, 친구가 쌩하고 지나가는 거야.
나는 친구 뒤쪽으로 쫓아가서 이름을 불렀어.
친구는 나를 돌아보더니 조금 난처한 표정으로 말했지.
"난 서준이 동생이야."
그러고 보니 얼굴이랑 머리 모양은 똑같은데
옷이 다르더라고. 전학생은 쌍둥이였던 거야.
쌍둥이는 어떻게 태어날까?

일란성 쌍둥이와 이란성 쌍둥이

주위에서 쌍둥이를 본 적이 있니?

쌍둥이는 한 어머니에게서 한꺼번에 태어난 두 아이라는 뜻이야.

우리가 바로 알아볼 수 있는 쌍둥이는 꼭 닮은 **일란성 쌍둥이**야.

일란성 쌍둥이는 수정란 1개가 세포 분열(85쪽 참고)을 하다가 둘로 나뉜 다음

엄마 자궁 속에서 같이 자라서 두 아기로 태어나지.

유전 정보를 담은 설계도, DNA(92쪽 참고)가 같아서 거의 똑같은 모습이야.

물론 일란성 쌍둥이도 오랫동안 다른 환경에서 살면 모습이 달라질 수 있어.

이란성 쌍둥이는 엄마의 난소에서 난자 2개가 한꺼번에 배출된 뒤

그것들이 각각 수정되고 엄마 자궁 속에서 함께 자라서 쌍둥이가 돼.

그래서 생김새가 다르고 성별도 다를 수 있어. '같은 날 태어난 형제자매라고 할 수 있지.'

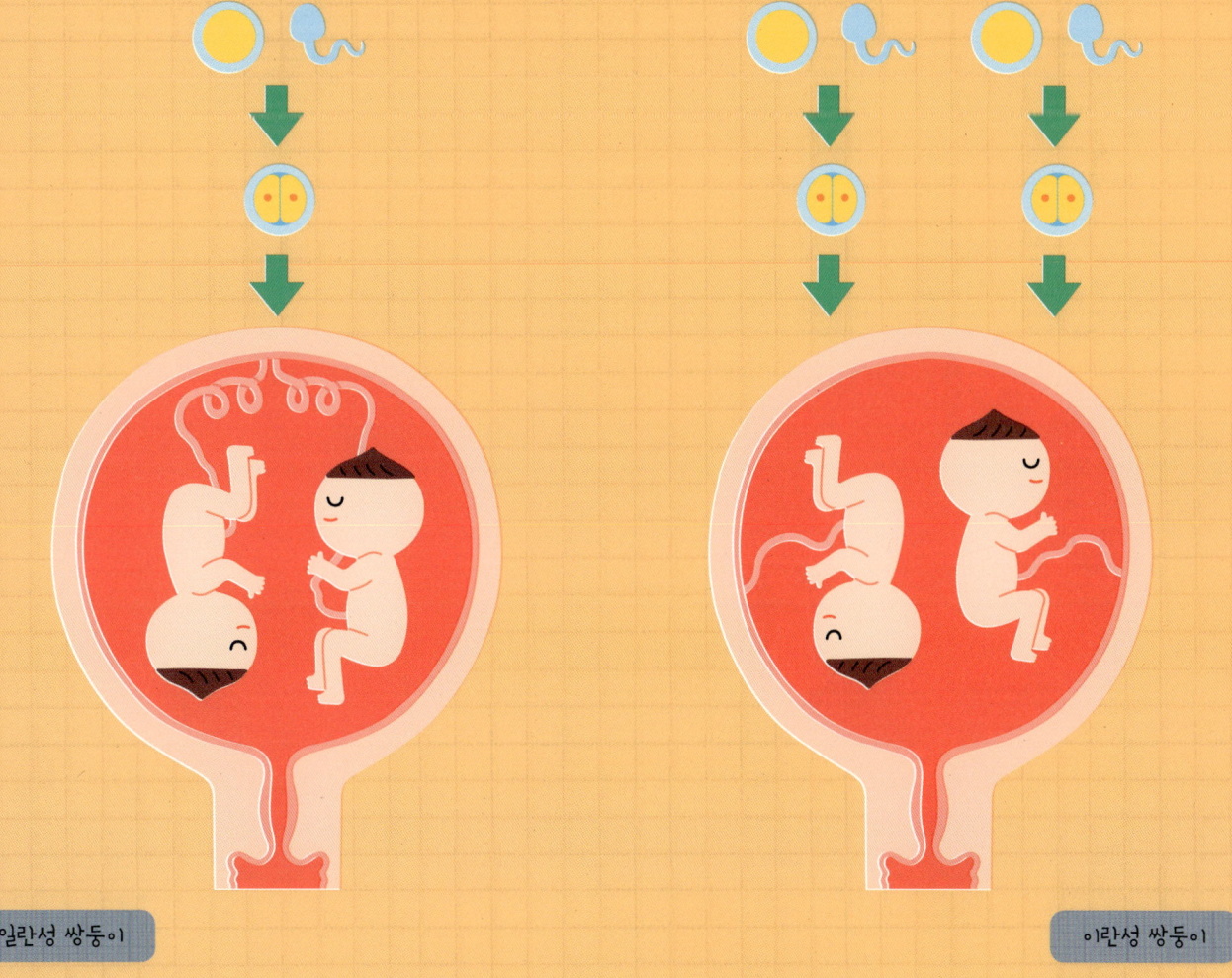

일란성 쌍둥이   이란성 쌍둥이

동물도 쌍둥이가 있을까?

우리 집 하얀 개는 귀여운 *강아지를 한꺼번에 여섯 마리나 낳았어.
신기하게도 녀석들의 생김새는 똑같은데 털 색깔은 다 달랐지.
하얀 것도 있고, 검은 것도 있고, 흰색과 검은색이 섞인 바둑이도 있었어.
이제 와서 생각해 보니 그 강아지들은 이란성 쌍둥이였던 거야.
아니, 이란성이 난자가 둘이라는 뜻이니까 다란성 쌍둥이라고 해야 할까?
사실 쌍둥이라는 말은 사람에게만 쓰는 말이야.
포유류 중에는 한배에 여러 새끼를 낳는 것이 많지. 하지만 사람 이외의 동물이 일란성 쌍둥이를 낳는 일은 많지 않아.

강아지
개의 새끼를 귀엽게 부르는 말이야. 그렇다면 다 자란 개를 강아지라고 부르는 건 실례일 수도 있겠지?

유전이 뭐야?

일란성 쌍둥이는 유전 정보를 담은 DNA가 같아서 생김새가 같다고 했어.
여기서 말하는 **유전**이란 무엇일까?
개는 강아지, 말은 망아지, 소는 송아지를 낳고 닭은 병아리가 될 알을 낳아.
그리고 강아지는 개로 자라고, 망아지는 말, 송아지는 소, 병아리는 닭으로 자라지.
개가 호랑이를 낳거나 말이 코끼리를 낳는다면 너무 이상하잖아!
모든 생물 종은 그 종만의 특징이 있고, 같은 종의 생물도 개체마다 특성이 있지.
이렇듯 어버이가 지닌 특성이 자손에게 전해지는 현상이 유전이야.

우리 엄마, 아빠는 어디 있지?

아빠!

유전에 법칙이 있을까?

유전 현상을 처음 과학적으로 연구한 사람은 오스트리아의 수도사 **멘델**이야.
멘델은 콩과 식물인 완두를 가지고 유전 법칙을 연구하고 유전 법칙을 발견했어.
순종 둥근 완두와 주름진 완두 사이에서 나온 잡종은 모두 둥근 완두이고,
잡종 둥근 완두의 자손은 둥근 완두와 주름진 완두의 비가 3:1로 나타난다는 것 등이야.
하지만 사람의 유전은 완두보다 훨씬 더 복잡해서 중간적인 특성이 많이 나타나.
그래서 같은 엄마 아빠 사이에서 태어난 형제자매도 크게 다를 수 있지.
하지만 법칙 그대로 유전하는 특성도 있어. ABO식 혈액형 같은 것들이지.

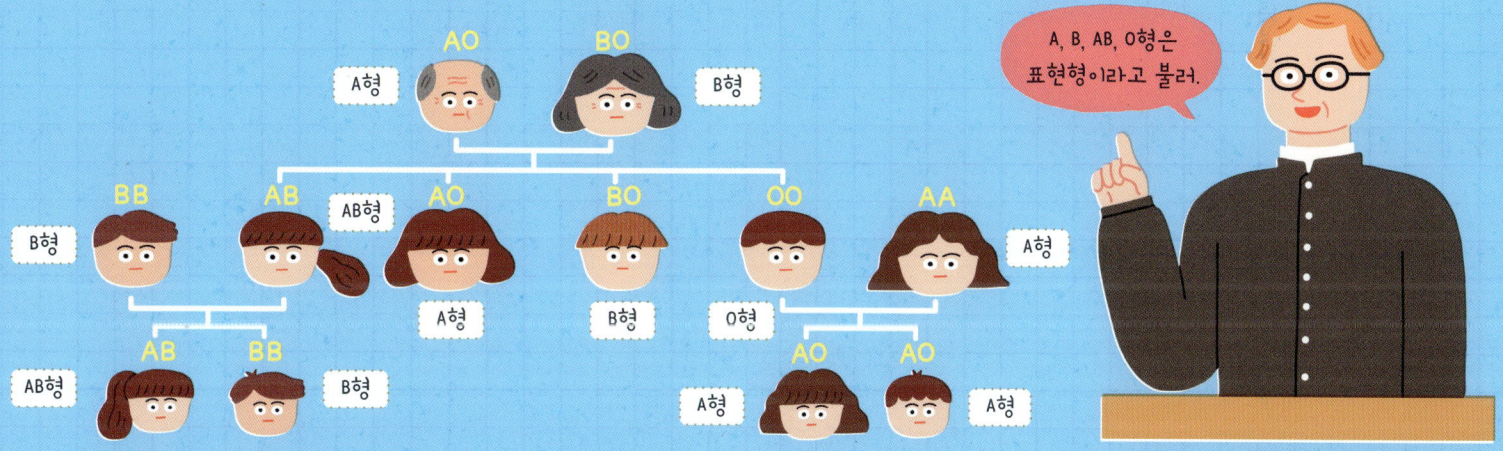

유전자란 무엇일까?

우리 몸에서 일어나는 모든 일은 세포들이 하는 일에 의해 결정돼.
세포들은 지금 자기가 무슨 일을 해야 하는지 어떻게 알까?
그 답은 유전자에 있어. **유전자**는 유전 정보를 전달하는 암호문이라고 할 수 있는데,
사람의 염색체를 이룬 DNA 가닥에는 약 2만 개의 유전자가 배열되어 있지.
이 유전자들은 세포에 무슨 일을 하라고 알려 주는 명령어와 같아서
우리 몸을 구성하는 방법과 필요한 물질을 만드는 방법을 알려 줘.

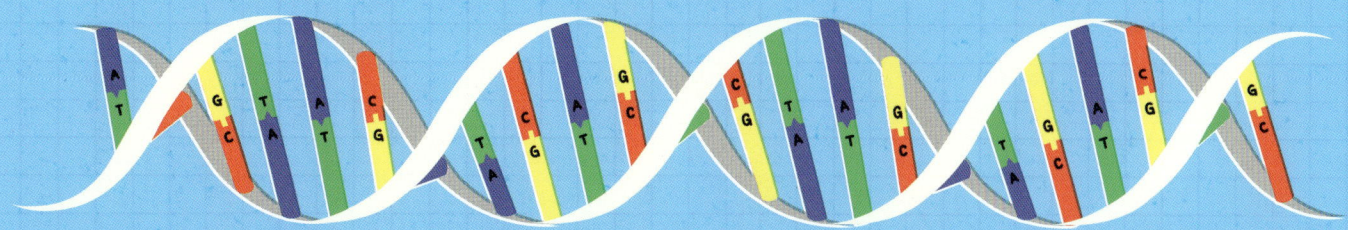

어디 어디가 닮았을까?

많은 사람은 자신의 어떤 부분은 아버지를, 어떤 부분은 어머니를 닮았다고 생각해.

눈은 아빠를 닮고, 얼굴 윤곽은 엄마를 닮고, 코는 아빠를…….

이렇게 따지다가 체격은 할아버지를 닮았다는 식으로 말하기도 하지.

'난 우리 엄마 아빠를 하나도 안 닮았어.'

물론 이렇게 생각하는 사람도 있어.

하지만 이런 생각을 하는 사람도 부모님을 닮은 데가 아주 많아.

어디가 닮았냐 하면 바로 세포핵 속에 있는 유전자야.

한 사람이 가진 모든 유전자의 절반은 어머니에게서,

나머지 절반은 아버지에게서 물려받았거든.

그 유전자들이 다양한 방식으로 어우러져서 한 사람 한 사람을 이루는 거야.

이제 이렇게 말할 수 있겠지?

"난 세포가 엄마 아빠를 닮았어!"

 **키노트** 어버이가 지닌 특성이 자손에게 전해지는 일을 유전이라고 해. DNA에 담긴 어버이의 유전 정보가 자손에게 전달되어 유전 현상이 일어나지. 유전자는 염색체를 이룬 DNA 가닥의 한 영역을 차지하며 일정한 순서로 배열된 암호문이야.

미니퀴즈 궁금증 더하기

혈액형을 찾아라!

내 혈액형이 A형, 동생 혈액형은 B형, 엄마 혈액형이 AB형이라면 아빠 혈액형은 무엇일까?

01 A형
02 B형
03 O형
04 AB형

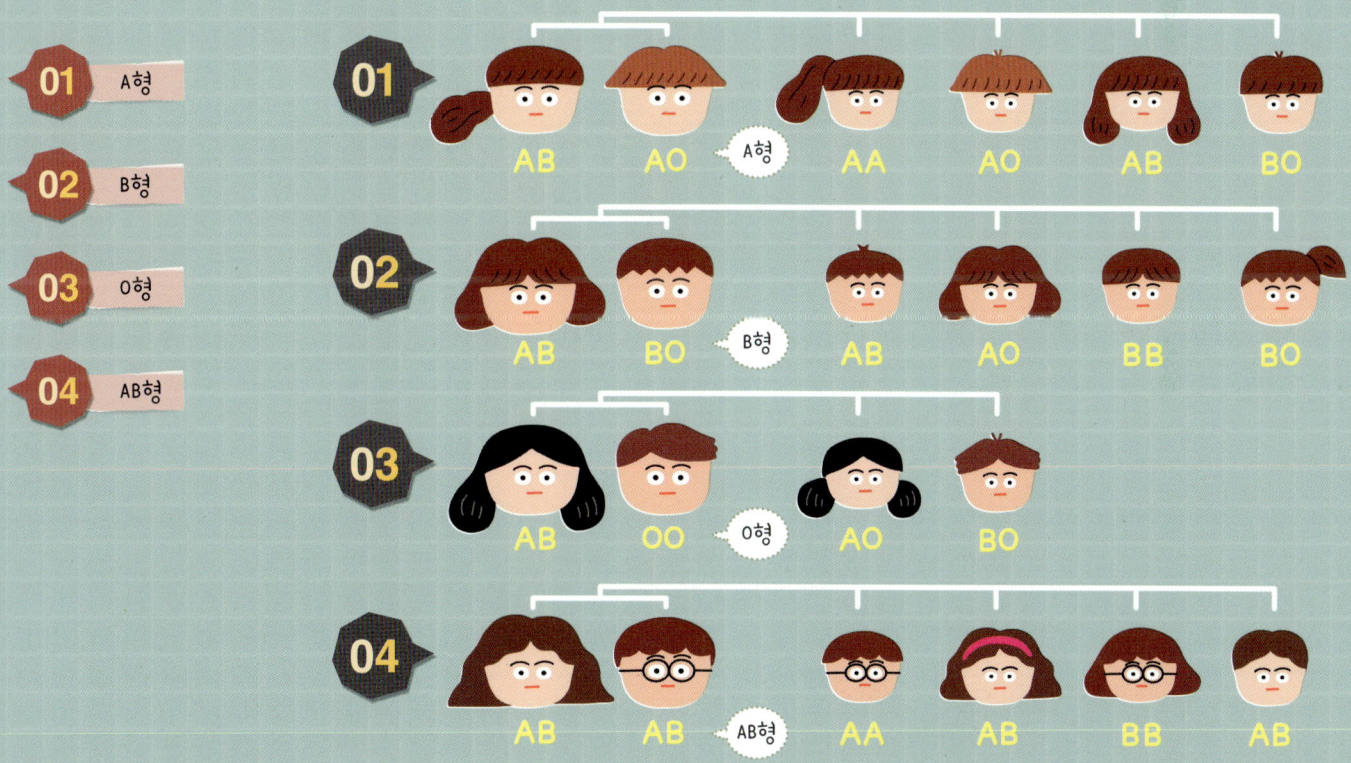

정답 · 01, 02, 03, 04

01 AB와 AO 사이에서는 AA, AO, AB, BO가 나올 수 있어.
02 AB와 BO 사이에서는 AB, AO, BB, BO가 나올 수 있지.
03 AB와 OO 사이에서는 AO, BO가 나올 수 있어.
04 AB와 AB 사이에서는 AA, AB, BB, AB가 나올 수 있지.
여기서 A, B, O는 유전자를 나타내는데, AA와 AO는 A형, BB와 BO는 B형, AB는 AB형, OO는 O형 혈액형이 돼.

꿈을 기록할 수 있다면?

초6 우리 몸의 구조와 기능

중3 자극과 반응 - 신경

어젯밤에는 내가 멋진 스파이가 되어
여러 나라를 다니면서 모험하는 꿈을 꿨어.
하지만 아침이 되니 거의 생각나는 게 없더라고.
어떤 과학자들은 사람의 꿈이나 생각을
그대로 읽는 방법을 연구하고 있대.
뇌의 활동에 관한 데이터를 아주 많이
쌓은 다음 인공 지능으로 해석하면
사람의 꿈이나 생각에 접근할 수 있다는 거야.
그럼 언젠가 꿈을 기록해서 영화로 만들거나
누군가 내 생각을 들여다볼 수도 있겠는걸?

생각을 본다고?

뇌의 활동은 뇌를 스캔한 영상이나 뇌파에 관한 기록으로 알 수 있다고 해.
뇌를 스캔한다는 것은 뇌가 생각하는 것을 지켜본다는 뜻이야.
fMRI, 즉 뇌 기능 자기 공명 영상 장치는 강력한 자기장을 이용해서
뇌에서 산소가 풍부한 혈액의 흐름을 찾아내는 기계야.
이런 흐름이 중요한 이유는 뇌의 활동이 활발한 곳에 산소가 많이 공급되기 때문이지.
그래서 fMRI를 분석하면 뇌의 어떤 부분이 활발하게 일하는지 알 수 있어.
fMRI와 관련이 있는 생각에 관한 자료가 아주 많이 쌓이면
인공 지능을 이용해서 어떤 생각을 하는지 알아낼 수도 있겠지.
한쪽에서는 뇌와 컴퓨터를 연결하는 장치에 관한 연구도 이루어지고 있어.
마우스나 키보드 없이 생각만으로 컴퓨터를 제어하겠다는 거야.
이런 일이 가능해지면 생각하는 속도로 문서를 작성할 수도 있지.
어떻게 보면 아주 편리할 것 같아.
하지만 한편으로는 좀 무섭다는 생각이 들기도 해.
내 생각을 들여다볼 수 있는 누군가가 나를 조종한다면?
오싹하지.

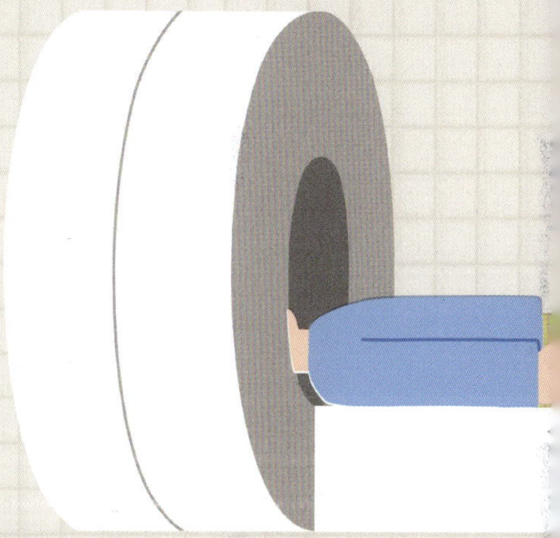

fMRI 장치

생각을 생각해 보자

우리는 뇌로 수많은 생각을 해.

아니, 우리가 생각한다기보다는 뇌가 생각한다고 하는 게 더 정확한 표현일지 몰라.

뇌에 우리의 자아가 들어 있다는 거야.

뇌는 생각 말고도 많은 일을 해.

순간순간 여러 감각 기관을 통해 우리 주위의 세계를 느끼고,

매 순간 체온이나 체내 수분의 양 등을 점검하고, 우리 몸의 기능을 조절하기도 하지.

하지만 우리가 '머리를 쓴다.', '뇌를 사용한다.'라고 하는 경우는 '생각'이라는 걸 할 때야.

생각이란 무엇일까?

'생각한다'라는 것은 무언가를 헤아리거나 판단한다는 뜻이야.

이렇게 말하면 무슨 뜻인지 알 것 같기도 하고 모를 것 같기도 하지?

생각의 말뜻보다는 생각할 때 일어나는 일들을 알아보는 편이

생각이 무엇인지 아는 데 도움이 돼.

우리가 생각하면 뇌 속의 복잡한 경로를 따라

수많은 전기 신호와 화학 신호가 빠르게 움직여.

결국 생각은 우리 뇌에서 일어나는 수많은 신호의 깜박거림이라고 할 수 있어.

달콤한 맛이 나겠는걸?

배우는 거 좋아해?

이 질문에 바로 그렇다고 대답할 수 있어? 사실 학생을 포함해서 모든 사람은 배움을 좋아하게 되어 있어. 말도 안 되는 소리라고? 어떤 무서운 독재자가 나타나서 모든 배움을 금지했다고 상상해 봐. 그래서 정말 아무것도 배울 수 없다면 어떨까? 걸음마, 젓가락질, 자전거 타기, 축구, 말, 노래, 춤, 컴퓨터, 음식 만들기……. 이 모든 것들을 하나도 배울 수 없다면 정말 견디기 힘들 거야.

배움이란 무엇일까?

무언가 새로운 것을 배우거나 새로운 경험을 할 때 우리 뇌의 신경 세포 사이에서는 새로운 형태의 전기 신호가 생겨나. 같은 일을 반복하면 이 전기 신호는 점점 강력해지지. 태어나서 처음 말타기를 배운다고 생각해 봐. 말의 움직임과 내 몸의 움직임을 일치시키는 새로운 경험을 하게 될 거야. 두 번, 세 번 말타기를 반복하면 뇌의 신호가 강력해지면서 점점 익숙해지지. 놀라운 것은 말타기를 생각만 해도 뇌에서 같은 신호가 발생한다는 거야. 그래서 새로운 것을 배울 때에는 마음속으로 되새기는 게 도움이 돼.

말 달리자!

키노트
생각을 하면 뇌 속에서는 복잡한 경로를 따라 수많은 전기 신호와 화학 신호가 빠르게 움직여. 새로운 것을 배우거나 경험할 때도 전기 신호가 생기고, 반복할수록 전기 신호는 강력해져. fMRI 장치는 이런 뇌의 활동을 스캔하는 기계야.

미니퀴즈 궁금증 더하기

꼭 필요한 무언가가 있다고?

노래 부르기, 춤추기, 시험 치기, 듣기, 신발 끈 묶기, 친구 알아보기, 말하기, 걷기에 공통으로 필요한 것은 무엇일까?

01 돈　　**02** 기억　　**03** 상상력

정답 · 02

우리가 배운 것은 뇌에 특별한 형태의 신호로 저장되어 있어. 우리는 뇌의 작용으로 경험을 되살릴 수 있어. 그것이 바로 기억이야.

세포는 클수록 좋을까?

초6 우리 몸의 구조와 기능

중1 생물의 다양성

중3 생식과 유전 - 생식

세포 키우기 게임을 해 봤어. 작은 점과 같은 세포에서 시작해서 더 작은 것들을 먹으면서 몸집을 키우는 게임이야. 돌아다니며 자라다가 더 큰 세포에 잡아먹히면 게임이 끝나지. 게임에서는 세포가 클수록 작은 것을 잡아먹을 수 있어서 좋아. 하지만 세포가 커질수록 속도가 점점 느려져서 불리한 점도 있지. 실제로 살아 있는 세포는 어떨까? 클수록 좋을까?

뭉치면 살고 흩어지면 죽어

우리 몸을 이루는 100조에 이르는 세포는 단 하나의 수정란 세포가 분열한 결과물이야.
그 세포들은 뭉치면 살고, 흩어지면 죽어.
한데 뭉쳐 우리 몸을 이루다가 사고로 떨어져 나온 세포는 오래가지 않아 죽어 버리지.
우리 몸을 이루는 세포들이 서로서로 도움을 주고받으며 살기 때문이야.
이렇듯 뭉치면 살고 흩어지면 죽는 세포들도 세포 분열은 꼭 해야 해.
뭉치면 살고 흩어지면 죽지만, 분열해야 사는 거지.

세포는 왜 분열할까?

인절미라는 떡 먹어 본 적 있어?
인절미는 찹쌀을 쪄서 떡메로 친 다음 네모나게 썰어서 콩가루 고물을 묻힌 떡이야.
떡메로 친 찰떡을 가져와서 콩고물을 묻힌다고 생각해 봐.
우선 커다란 찰떡을 썰지 말고 그대로 콩고물을 묻혀.
그다음 눌로 썰어서 콩고물을 묻혀 봐. 콩고물이 더 필요하지?
이번에는 그 찰떡을 한입에 들어갈 정도로 작게 썰어서 콩고물을 묻혀.
처음보다 훨씬 더 많은 콩고물이 필요할 거야.
찰떡이 세포, 콩고물이 세포에 공급할 영양소와 산소라고 생각해 봐.
세포가 너무 크면 필요한 영양소와 산소를 충분히 공급할 수 없겠지.
생명 활동을 하는 동안 세포 속에 생긴 노폐물을 빼내기도 쉽지 않을 거야.
그래서 우리 몸은 그토록 작은 세포로 이루어져 있어.

빈자리 채우기

우리 몸에서는 1초 동안에만 수백만 세포가 수명을 다하고 죽음을 맞아.
따라서 그만큼 많은 세포가 계속 만들어져야 우리 몸을 유지할 수 있지.
세포 분열이 일어나서 수명을 다한 것들의 빈자리를 계속 채우는 거야.
대부분 세포는 하나가 둘로 나뉘어 새 세포가 만들어져.
하지만 더는 분열이 일어나지 않는 세포들도 있어.
어른의 심장이나 뇌에 이런 세포들이 많아.
분열하지 않는 세포는 평생 그대로 갖고 살아야 해.
그러니 세포들을 건강하게 잘 유지해야겠지.

핵분열
원자핵이 쪼개지면서 많은 양의 에너지를 방출하는 것도 핵분열이라고 해. 핵폭탄이나 핵 발전소에서 에너지를 얻는 방법이지.

세포 분열의 현장!

세포가 분열하려면 먼저 준비를 해야 해.
몸집을 키우고 유전 물질인 세포핵 속 DNA를 두 배로 복제하는 거야.
세포 분열로 생겨나는 두 딸세포가
엄마 세포와 같은 양의 유전 정보를 갖고 있어야 할 테니까.
준비가 끝나면 엄마 세포핵의 염색체들은 각각 둘로 쪼개져서 양쪽으로 갈라져.
이렇게 세포핵이 둘로 나뉘는 과정을 ***핵분열**이라고 해.
이제 두 핵을 갖게 된 세포의 가운데 부분이 나누어지기 시작해.
그 결과 핵을 하나씩 가진 두 딸세포가 생기지.

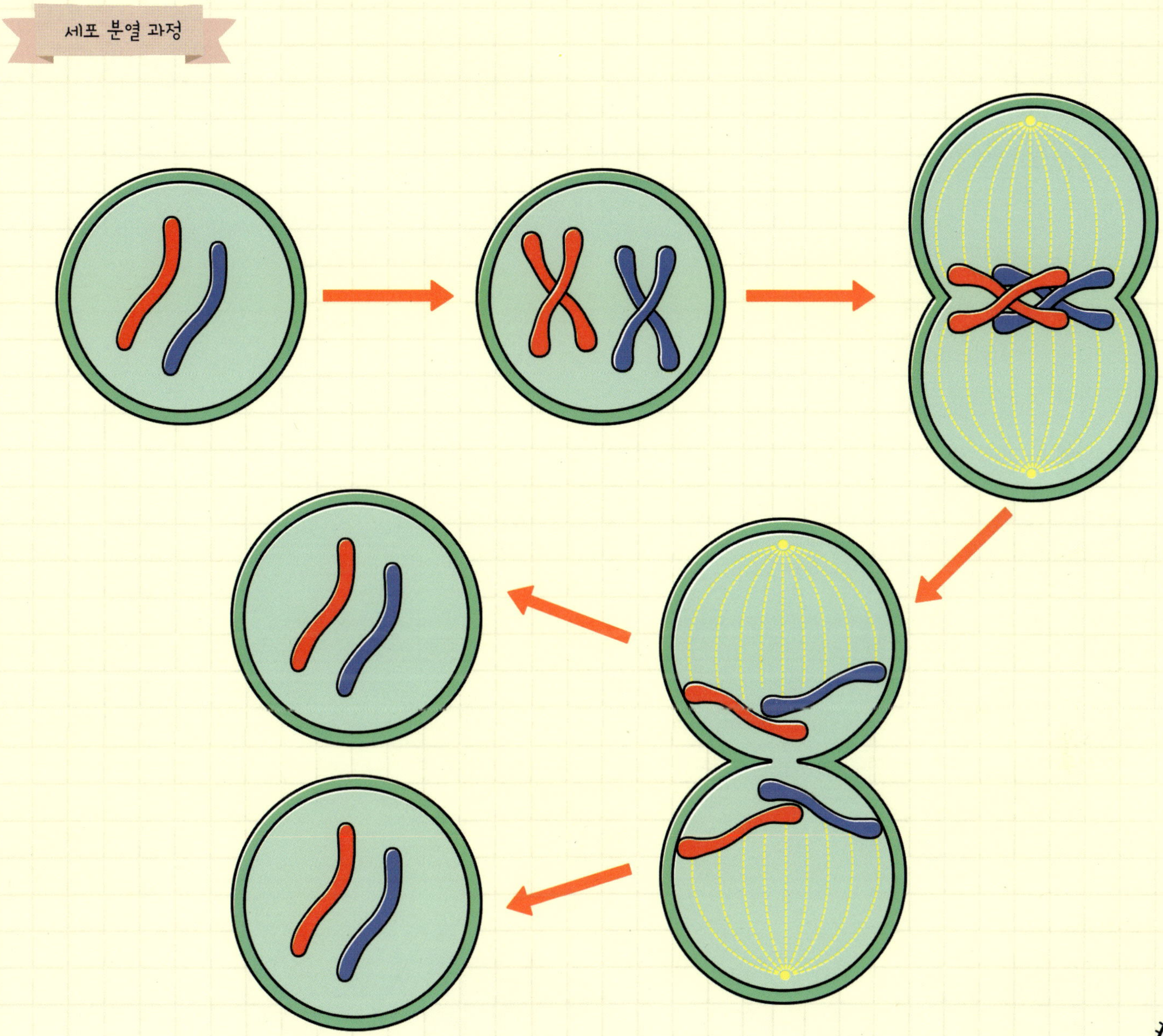

세포 분열 과정

짚신벌레, 아메바, 유글레나 같은 것들은 세포 하나가
한 생물체를 이루는 단세포 생물이야.
이런 생물에게는 세포 분열이 곧 생식이야.
어버이의 몸이 둘로 나뉘어 두 자손이 만들어지는 거지.
이렇게 암수의 구분이 없는 생식 방법을 **무성 생식**이라고 해.

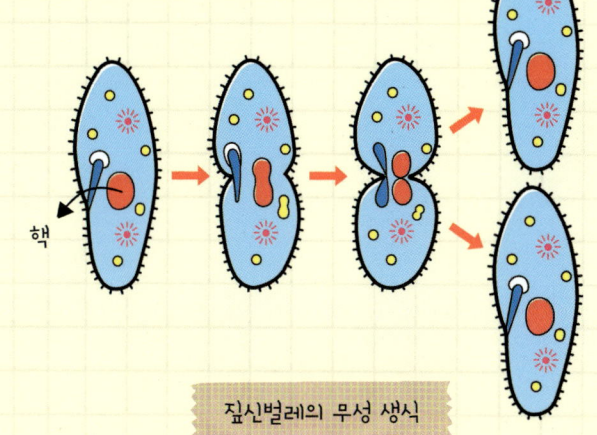

짚신벌레의 무성 생식

세포 속으로 고고!

근육 세포, 혈액 세포, 신경 세포, 간세포, 뼈세포, 지방 세포, 피부 세포…….
우리 몸에는 200가지가 넘는 세포가 있어.
이 세포들은 하는 일에 따라 매우 다른 모습을 하고 있지만, 기본 구조는 거의 같아.
모든 세포가 핵과 세포질, 세포막을 갖고 있지.
세포막은 세포를 감싸서 보호하는 아주 얇은 껍질이야.
여기에는 물과 영양소 같은 물질이 드나드는 통로가 있지.
핵은 화학 신호를 이용해서 세포에서 일어나는 모든 일을 조절해.
세포질은 여러 가지 세포 소기관들이 떠 있는 살짝 끈적거리는 액체 부분이야.

세포질에는 어떤 것들이 떠 있나?

살짝 끈적끈적한 액체 상태인 세포질에는 미토콘드리아, 리보솜과 소포체, 리소좀 등
다양한 세포 소기관들이 떠 있어. 번데기처럼 생긴 **미토콘드리아**는 세포에 에너지를 공급하는
세포의 발전소야. 작은 알갱이처럼 보이는 **리보솜**은 단백질을 만들고,
납작한 주머니 모양의 **소포체**는 단백질을 비롯한 여러 물질을 수송하지.
리소좀은 늙고 손상된 세포 소기관과 세포에 들어온 해로운 물질을 분해해.

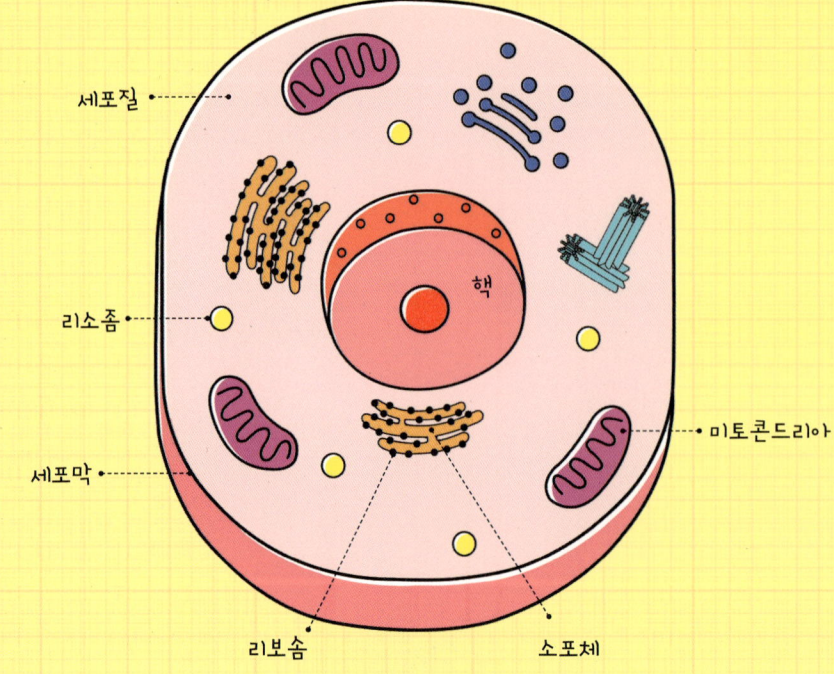

동물 세포의 구조

키노트

세포는 생물의 몸을 이루는 기본 단위야. 몸이 단 하나의 세포로 이루어진 단세포 생물은 세포 분열을 해서 자손을 만들어. 다세포 생물은 세포 분열을 해서 성장하고 몸을 유지하지.

미니퀴즈 궁금증 더하기

식물 세포에만 있는 세포 소기관은?

식물도 동물처럼 세포가 있어. 식물 세포에만 있는 세포 소기관은 무엇일까?

- 01 핵
- 02 세포막
- 03 엽록체
- 04 세포벽
- 05 미토콘드리아

정답 · 03, 04

초록색 세포 소기관 엽록체는 빛 에너지를 이용해서 양분을 만들어. 세포막을 감싼 세포벽은 식물 세포의 모양을 탄탄하게 유지해. 핵과 세포막, 미토콘드리아는 동물 세포와 식물 세포가 모두 갖고 있어.

왜 몸무게가 줄지 않을까?

초6 우리 몸의 구조와 기능
중2 동물과 에너지 - 영양

엄마와 아빠가 정기 건강 검진에서 지방간이 있다는 결과가 나왔어. 지방간은 간에 지방이 너무 많이 쌓인 상태로 과도한 음주, 당뇨병, 비만 등이 문제가 된대.
병원에서는 정도가 심하지 않으니 운동을 하면 좋아질 거라고 했지. 그런데 이상한 게 하나 있어. 운동을 시작한 뒤, 아빠는 5kg이 줄었는데 엄마는 그대로라는 거야. 보기에는 전보다 더 날씬한 것 같은데 말이지. 엄마는 왜 몸무게가 줄지 않았을까?

운동하면 몸무게가 늘어난다고?

두 손에 소고기를 한 덩이씩 들고 있다고 상상해 봐.
한 덩이는 소기름이 대부분이고 다른 한 덩이는 살코기가 대부분이야.
기름과 살코기의 부피가 같다면 어느 쪽이 더 묵직할까?
살코기가 더 무거울 것 같지? 정말 그래.
지방 조직인 소기름보다 근육 조직인 살코기가 더 무겁기 때문이야.
부피가 같을 때 근육은 지방 조직의 약 1.2배 무게야.
사람도 마찬가지지.
운동을 많이 해서 근육의 양이 많이 늘어나면
체지방량이 줄어도 몸무게는 오히려 늘어날 수 있어.

살이 찐다는 것은?

사람들은 살이 쪘다, 살이 빠졌다는 말을 많이 해.
살은 피부와 피부밑 지방, 근육을 모두 포함하는 말이지.
하지만 살이 찐다고 할 때는 체지방량이 늘어난다는 뜻이야.
운동해서 근육을 단련할 때는 살쪘다고 하지 않으니까.
비만은 몸속에 지방이 지나치게 많이 쌓인 상태인데, 지방간 이외에도
여러 가지 문제를 일으킬 수 있어. 당뇨병, 고지혈증, 관절염,
심장 혈관 관련 질환에 걸릴 위험이 커지지.
심지어 비만이 암의 발생과 관련이 있다는 연구 결과도 있어.

어떻게 비만을 판정할까?

가장 쉽게 비만을 판정하는 도구는 **BMI**, 즉 체질량 지수야. BMI는 몸무게(kg)를 키의 제곱(m^2)으로 나눈 값으로, 단위는 kg/m^2이야. 우리나라에서는 BMI 18.5 미만이면 저체중으로 봐. 18.5 이상 23 미만이면 정상, 23 이상 25 미만이면 비만 전 단계, 25 이상 30 미만이면 비만, 30 이상이면 고도 비만으로 판정해.
그런데 다른 많은 나라에서는 우리와 달리 세계 보건 기구 기준을 사용하고 있지. 세계 보건 기구 기준은 BMI 30 이상을 비만으로 판정해.
BMI가 28이면 우리나라에서는 비만이지만, 다른 나라에서는 비만이 아니란 거야. 우리나라의 비만 기준이 세계 보건 기구 기준보다 낮은 것에 대해 비판하는 사람도 있어.

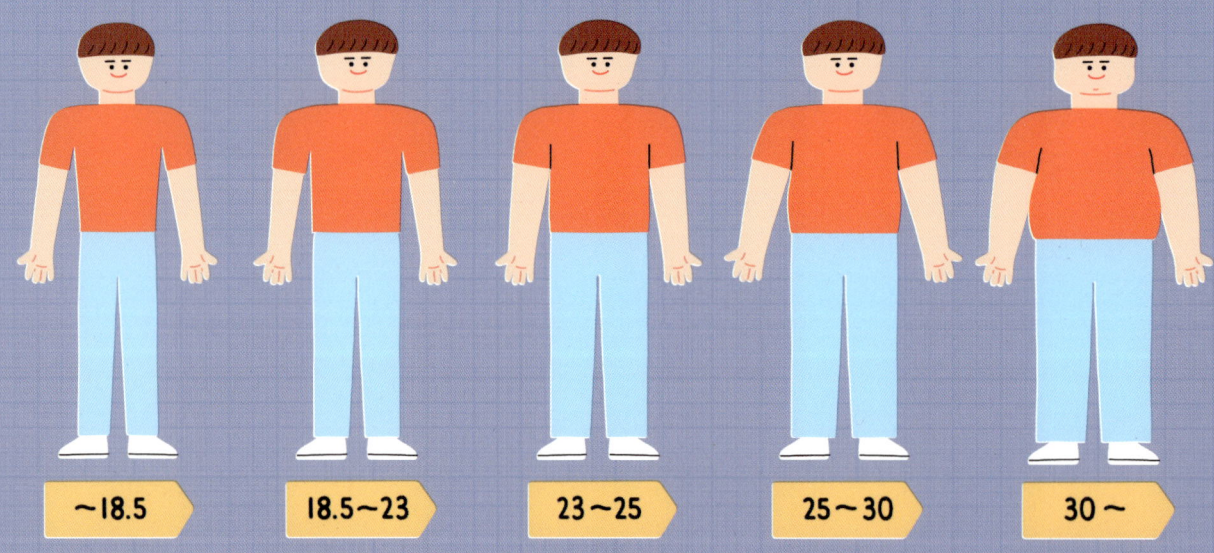

하지만 BMI만으로는 알 수 없어

BMI로 비만을 판정하는 것은 아무 문제가 없을까?
비만은 몸속에 지방이 많이 쌓인 상태라고 하는데
키와 몸무게가 같아도 어떤 사람은 근육이 많고 어떤 사람은
지방이 많아. 결국 BMI가 같아도 체지방이 많은 사람,
적은 사람이 있다는 거야.
BMI가 높다고 무조건 비만은 아니라는 뜻이지.
따라서 비만 정도를 제대로 알기 위해서는
다른 방법으로 근육과 체지방의 양을 확인해야 해.

비만의 원인과 예방하는 방법은?

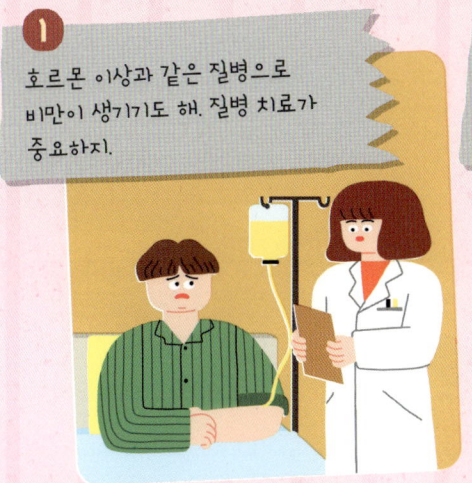

1 호르몬 이상과 같은 질병으로 비만이 생기기도 해. 질병 치료가 중요하지.

2 노화로 인해 근육이 줄어들면서 에너지 소비량이 줄어서 체지방이 많아질 수 있어. 적절한 운동이 중요해.

3 섭취한 음식물의 에너지가 활동으로 소비한 에너지보다 많은 경우는 생활 습관을 바꿔야 해. 음식물을 적당히 먹고, 꾸준히 운동해야 해.

다이어트가 뭐야? 먹는 거야?

다이어트는 질병을 치료하기 위해 식사를 활용하는 식이 요법인데, 요즘은 살을 빼기 위한 식사 조절이라는 뜻으로 주로 쓰여. 무조건 굶거나 한 가지 식품만 먹는 다이어트는 건강을 해칠 수 있어. 특히 성장기에 저체중은 성장 발육 부진, 빈혈, 체력 저하 같은 문제를 일으키니 조심하도록 해.

키노트 비만은 소비하는 에너지보다 섭취하는 에너지가 더 많아서 몸에 체지방이 지나치게 많이 축적된 상태야. 보통은 BMI로 비만을 판정하지만, 체지방의 양과 분포를 알아야 정확하게 비만을 판정할 수 있어.

미니퀴즈 궁금증 더하기

내장 사이에 지방이 낀다고?

내장 지방이 많이 쌓여서 남자 95cm, 여자 85cm 이상으로 허리둘레가 늘어난 것을 무엇이라고 할까?

01 복부 비만 **02** 복어 비만 **03** 복주머니 비만

정답 · 01

우리 몸속에 있는 지방은 피부밑 지방과 내장 지방으로 나뉘어. 내장 지방은 내장 사이에 지방이 낀 것으로 주로 배 부분이 볼록 튀어나오게 되지.
내장 지방이 많으면 당뇨병, 심장 혈관 관련 질환 등 여러 가지 질병에 걸릴 위험이 커져.

순록 이끼는 이끼일까?

초3	동물의 생활
초5	다양한 생물과 우리 생활
초5	생물과 환경
중1	생물의 다양성

엄마와 함께 다큐멘터리 영화를 보았어.
순록을 돌보는 마지 도리스 할머니 이야기야.
마지 할머니는 스웨덴 *북극권의 외딴집에
홀로 살면서 겨울이 오면 창고에 이끼를 잔뜩
쌓아 놓고 잘 씻어서 순록에게 주었어.
순록들은 눈이 하얗게 쌓인 들판을 지나
마지 할머니를 찾아와서 이끼를 먹었지.
그런데 영화를 보면서 궁금증이 생겼어.
마지 할머니가 순록들에게 주는 이끼가
내가 아는 이끼와 너무 다르게 생겼더라고.
색깔도 다르고 모양도 달랐어.
순록 이끼는 정말 이끼일까?

북극권
북극권은 지구 위에서 북위 66도 33분을 둥글게 이은 선을 가리키거나, 그 둥근 선부터 북쪽으로 펼쳐진 북극을 중심으로 하는 지역을 가리켜.

순록 이끼는 순록 지의류야

석이버섯 먹어 본 적 있어?
쫄깃한 식감과 독특한 향이 있는 식품이지.
석이는 버섯이라는 이름이 붙었지만, 실은 **지의류 생물**이야.
순록 이끼도 비슷해. 이끼라고 부르지만, 지의류에 속하는 생물이거든.
그래서 순록 이끼보다는 순록 지의류가 더 정확한 표현이야.

순록 이끼(순록 지의류)

지의류가 뭐야?

지의류는 단순한 광합성 생물과 **균류**가 착 달라붙어서 서로 돕고 사는 생물이야.
여기서 광합성 생물은 **조류** 또는 *남세균인데 양분을 만들어 균류에게 나눠 줘.
균류는 광합성 생물을 감싸서 보호하며 수분을 공급하고 양분을 얻지.
결국 지의류는 균류와 조류의 공생체인 거야.

남세균
남세균은 시아노박테리아 또는 남조류라고도 불러. 세균이라는 말에서 알 수 있듯이 이 생물은 세균과 같이 세포핵이 없는 원시적인 생명체야. 일반 세균과 다른 점은 광합성을 할 수 있다는 거지.

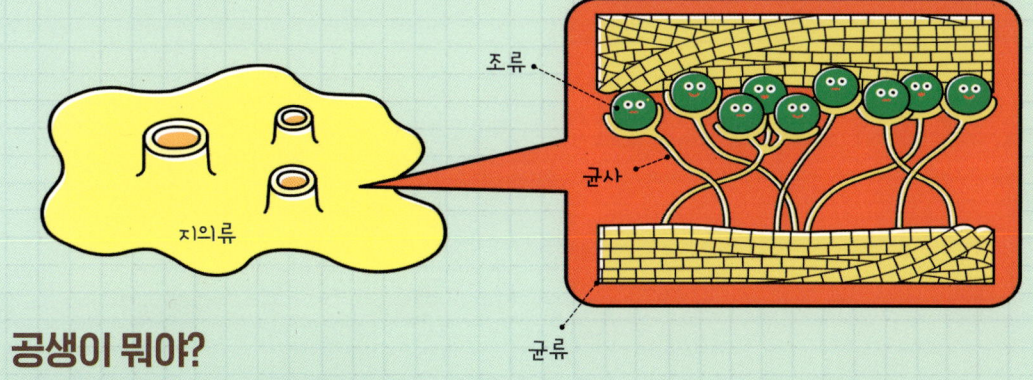

공생이 뭐야?

이 세상 많은 생물이 서로 도우며 살아. 사람도 마찬가지야. 우리의 일과를 생각해 봐.
아침에 눈을 떠서 씻고 밥 먹고 옷 입고 학교 다녀오고 잠자리에 들 때까지 우리는 정말 많은 사람이
한 일에 기대어 살고 있어. 밥상에 오른 음식물만 해도 얼마나 많은 사람의 손길이 담겨 있는지 몰라.
사람뿐만 아니라 많은 동물도 같은 종에 속한 다른 동물들을 도우며 살아.
그런데 **공생**은 같은 종이 아닌 다른 종 생물들이 가까이 붙어 살면서 서로 돕고 사는 거야.

서로 이익을 주고받아

서로 이익을 주고받으며 사는 생물 중에 가장 유명한 것은 아마 흰동가리와 말미잘일 거야.
흰동가리는 '니모를 찾아서'라는 애니메이션의 주인공으로 유명하지.
독이 있는 촉수를 너울너울 뻗어 내는 말미잘은 한곳에 붙어사는 동물이야.
흰동가리는 이런 말미잘의 몸을 제집으로 삼아 살고 있어. 몸을 숨기기도 하고 촉수 사이에 알을 낳아 기르기도 하지. 이렇게 집을 내어 준 대가는 흰동가리가 말미잘에게 주는 양분이야.
또한, 흰동가리는 말미잘의 촉수 사이를 헤엄쳐 다니면서 바닷물을 순환시켜 신선하게 만들어 주기도 해.
이렇게 공생이 양쪽 모두에 도움이 되는 경우를 **상리 공생**이라고 하지.
집게와 말미잘, 콩과 식물과 뿌리혹박테리아도 상리 공생을 하는 생물들이야.

한쪽만 이익을 봐

두 종이 가까이 붙어 살면서 어느 한쪽은 이익을 보지만,
다른 쪽은 이익도 손해도 없는 경우가 있어.
다큐멘터리 영화나 방송에서 물소라는 동물을 본 적이 있을 거야.
물소는 아시아의 풀이 우거진 강 근처나 늪지대에 사는 소과 동물이야.
활처럼 굽은 검고 묵직한 뿔이 참 멋있지.
물소들이 풀밭을 지나가면 풀덤불에 살던 많은 벌레가 깜짝깜짝 놀라 도망을 쳐.
왜가릿과 새 황로는 그 뒤를 쫓아가면서 쉽게 벌레를 잡아먹지.
물소와 황로의 관계에서 황로는 크게 이익을 보지만, 물소는 이익도 손해도 없어.
이런 공생을 한쪽 편만 이익을 본다고 해서 **편리 공생**이라고 하지.
해삼과 숨이고기, 나무와 거기 붙어 사는 지의류도 편리 공생 관계에 있어.

한쪽은 이익, 다른 쪽은 손해라면?

가까이 붙어 사는 한쪽이 이익을 보는데 다른 쪽은 손해를 보는 경우도 있어.
오늘 아침 우리가 빠져나온 침구를 떠올려 봐. 포근하고 아늑한 느낌일 거야.
그런데 우리한테만 아늑한 곳이 아니야.
현미경을 가져다 대면 깜짝 놀랄 만큼 많은 동물이 거기 살고 있지.
집먼지진드기 녀석들이야. 집먼지진드기들은 마치 드넓은 초원에서
풀을 뜯는 소 떼처럼 이불 위를 이리저리 어슬렁거리며
우리가 흘린 죽은 피부 세포들을 먹고 있어.
집먼지진드기들의 사체와 배설물은 알레르기성 비염이나 피부염의 원인 물질이야.
집먼지진드기는 사람에 붙어 이익을 얻지만, 사람은 피해를 보는 거지.
이런 관계를 **기생**이라고 해. 사람과 머릿니, 빈대, 벼룩 같은 곤충들,
회충, 편충 같은 기생충과의 관계가 기생이지.

키노트
생물들은 서로 다양한 관계를 맺으며 살아가. 종류가 다른 생물들이 가까이 붙어 살면서 서로 도움을 주는 것을 상리 공생이라고 해. 한쪽은 이익, 다른 쪽은 이익도 손해도 없는 경우는 편리 공생이야. 한쪽은 이익, 다른 쪽은 손해인 경우는 기생이라고 해.

미니퀴즈 궁금증 더하기

우리는 무슨 관계야?

식물을 기르다 보면 개미와 진딧물이 붙어 있는 모습을 볼 수 있어. 이 둘의 관계는 무엇일까?

01 상리 공생　**02** 편리 공생　**03** 기생

정답 · 01

개미와 진딧물은 서로 이익을 주고받으면서 살아. 개미는 진딧물을 무당벌레와 같은 천적으로부터 보호하고, 진딧물은 꽁무니에서 나오는 단물을 개미에게 주지.

북극곰은 왜 흰색일까?

초3 동물의 생활
초5 다양한 생물과 우리 생활
초5 생물과 환경
중1 생물의 다양성

순한 얼굴의 북극곰은 눈 덮인 하얀 바닷가를 멋지게 거닐고, 물속에서 날렵하게 헤엄치는 멋진 동물이야. 하지만 언제부터인가 북극곰이 지구 온난화의 상징이 된 것 같아. 북극곰이 야생에서 마음껏 살 수 있는 공간이 급격히 줄어들고 있으니 말이야. 그런데 북극곰은 왜 흰색일까? 흰색은 빛을 반사하고 검은색은 빛을 흡수해. 그러니 추운 북극 지방에서는 검은 털이 훨씬 더 따뜻할 텐데 말이야. 북극곰은 북극의 제왕이니 다른 동물의 눈을 피해 숨을 필요도 없을 테고.

사냥꾼도 몸을 숨겨야 해!

몸을 숨긴다고 하면 우리는 흔히 약한 사냥감의 행동을 떠올려.
강한 자가 숨는다고 하면 어울리지 않는다고 생각하지.
하지만 자연 상태에서는 사냥꾼도 사냥감과 마찬가지로 눈에 띄지 않는 것이 중요해.
사바나를 호령하는 사자도 사냥감에 접근할 때는 마지막까지 몸을 숨기지.
북극곰은 새와 물고기, 바다표범, 순록 등을 잡아먹고 사는데
북극곰의 몸이 검은 털로 덮여 있다면 멀리서도 눈에 띌 거야.
그러면 눈치 빠른 동물을 한 마리도 잡지 못해 쫄쫄 굶어야겠지.

어느 편이 더 이익일까?

눈 덮인 추운 지역에서는 흰빛을 띤 동물을 많이 볼 수 있어.
북극곰도 있고 흰올빼미, 북극흰갈매기도 있지.
북극여우나 눈신토끼처럼 눈이 녹아 땅이 드러나는 여름철에는 갈색 털옷을 입고 있다가
흰 눈이 온 세상을 덮는 겨울철에는 흰 털로 갈아입는 것들도 있어.
이 동물들이 몸을 데우기 좋은 검은 털이 아닌 흰 털로 덮여 있는 건
검은색이 주는 이익보다 흰색이 주는 이익이 더 크기 때문일 거야.
흰색으로 몸을 숨기는 대신 두꺼운 피하 지방과 북슬북슬한 털로 보온을 하지.

세상에는 다양한 개들이 있어!

겉모습만으로 마스티프와 치와와가 같은 종류의 동물이란 걸 알기는 어려울 거야.
이미 그 둘이 개라는 것을 알고 있으니 같은 종류라고 생각하지.
개는 정말 다양해.
흰색, 검은색, 갈색, 점박이 등 색깔도 다양하고,
몸집이 큰 것도 있고 작은 것도 있어.
털이 긴 것도 짧은 것도 있고, 보드라운 것도 거친 것도 있지.
머리 모양이 둥근 것도 있고, 긴 것도 있고, 깍두기처럼 각이 진 것도 있어.
귀가 길게 축 처진 것도 있고, 짧은 것도 있고, 쫑긋 선 것도 있지.

늑대는 어떻게 개가 되었을까?

모든 개는 야생 늑대의 후손이야.
야생 늑대는 수천 세대에 걸친 품종 개량으로 지금처럼 다양한 개가 되었어.
사람들이 좋아하는 것들을 골라 새끼를 낳게 하면서 다양한 품종이 나타난 거야.
사람들은 특별한 생김새를 좋아하기도 하고, 특별한 성질을 좋아하기도 하고,
사냥을 돕거나 썰매를 끄는 것 같은 특별한 능력을 좋아하기도 했지.
특별한 성질을 지닌 생물을 선택하고 대를 이어 자손을 얻어서
사람들이 좋아하는 방향으로 변화시키는 일을 **인위 선택**이라고 해.
인위, 그러니까 자연이 아닌 사람의 힘으로 선택해서 생물을 변화시킨다는 거야.
개뿐만이 아니라 벼, 배추, 장미, 닭 등 우리가 기르는 거의 모든 동식물이 이런 인위 선택 과정을 거쳐 만들어졌어.

1 약 4만 년 전까지만 해도 사람들 곁에는 개가 없었어. 개의 조상인 늑대가 살았지.

2 빙하 시대 사람들은 거대한 동물을 사냥해서 먹다가 고기를 남기곤 했어. 어떤 늑대들은 그 고기를 먹으면서 맹수의 공격에서 사람들을 지켜 주었지. 서로 돕고 살았던 거야.

3 약 1만 년 전부터 사람들은 한곳에 머물러 살면서 본격적으로 늑대를 기르기 시작했어. 자기들이 좋아하는 성질을 지닌 개를 선택적으로 길렀지.

4 사람들은 품종 개량 과정을 거쳐 사냥, 가축 몰이, 집 지키기 등 다양한 일을 하는 개들을 만들어 냈어. 세계 곳곳에는 이제 수백 가지 품종의 개들이 사람들 곁에서 살고 있어.

개는 인간에 의해 선택되었어!

자연도 선택한다!

치타가 빨리 달리는 동물이라는 건 알고 있을 거야.
그렇다고 모든 치타가 똑같은 속도로 달리는 건 아니야. 태어날 때부터 어떤 치타는
좀 느리고 어떤 치타는 좀 빠르지. 그렇다면 빠른 치타와 느린 치타 중 어느 쪽이 더 잘 살아남을까?
빠른 치타 중에 일찍 죽는 것도 있고 느린 치타 중에 오래 사는 것도 있을 테지만,
아무래도 빠른 치타가 오래 살아서 더 많은 새끼를 남길 가능성이 커.
빨리 달리는 치타, 도토리를 더 멀리 보내는 굴참나무, 목이 긴 기린,
나뭇가지를 똑같이 닮은 대벌레 같은 것들이 자연에 의해 선택된다는 뜻이지.
이렇듯 주어진 환경에 잘 적응한 생물은 살아남아서 자손에게 자신의 특징을 전달하고,
그러지 못한 생물은 사라지는 일을 **자연 선택**이라고 해. 찰스 다윈이 이 이론을 도입했어.

키노트

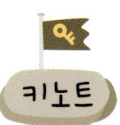

사람들이 좋아하는 방향으로 생물을 변화시키는 것을 인위 선택이라고 하지.
자연계에서 주어진 환경에 잘 적응한 생물은 살아남아서 자신의 성질을 자손에게 전달하며 퍼지고, 그러지 못한 생물은 저절로 사라지는(도태하는) 일을 자연 선택이라고 해.

미니퀴즈 궁금증 더하기

주머니생쥐의 특징을 찾아라!

밝은 모래색 주머니생쥐가 많이 사는 북아메리카의 어느 사막에 오래전에 흐른 현무암질 용암으로 덮인 지역이 있었어. 이곳에 사는 주머니생쥐는 어떤 특징이 있을까?

01 몸집이 더 크다.

02 털이 어두운색이다.

03 발톱이 더 뾰족하다.

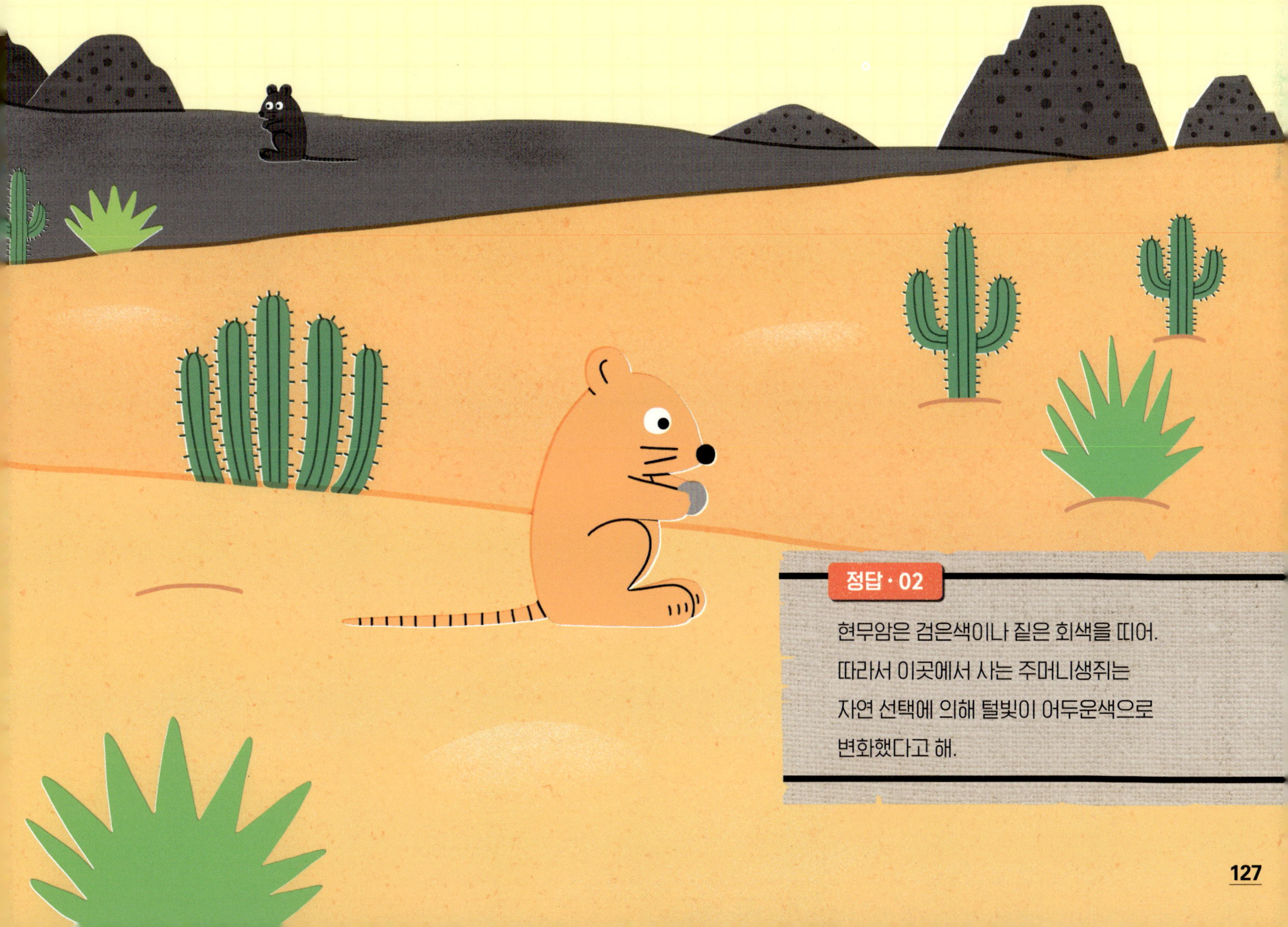

정답 · 02

현무암은 검은색이나 짙은 회색을 띠어. 따라서 이곳에서 사는 주머니생쥐는 자연 선택에 의해 털빛이 어두운색으로 변화했다고 해.

동물들도 마트료시카처럼 먹을까?

러시아 목각 인형 마트료시카를 선물로 받았어. 커다란 인형을 열면 좀 더 작은 인형이 나오고 다시 열면 더 작은 인형이 나오고 해서 죽 늘어놓으니 모두 일곱 개였지. 갑자기 작은 인형이 큰 인형에게 잡아먹힌다는 생각이 들었어. 작은 물고기가 좀 더 큰 물고기에게 잡아먹히고, 그 물고기는 더 큰 물고기에게 잡아먹히는 것처럼. 동물들도 마트료시카처럼 항상 큰 동물이 작은 동물을 잡아먹을까? 동물들 사이의 먹고 먹히는 관계에는 어떤 법칙이 있을까?

먹이 사슬이 뭐야?

자연계에서 먹고 먹히는 관계가 시작되는 것은 초식 동물이 식물을 먹을 때야.
소, 사슴, 메뚜기, 토끼 같은 동물이 풀을 먹는 평화로운 모습을 떠올리면 돼.
하지만 그다음에는 피비린내 나는 풍경이 펼쳐지지. 육식 동물이 초식 동물을 먹는 거야.
여우가 토끼를, 쥐가 메뚜기를 잡아먹는 거지.
여우는 자기보다 더 큰 호랑이에게, 쥐는 올빼미에게 잡아먹혀.
하지만 언제나 큰 동물이 작은 동물을 잡아먹는 것은 아니야.
사자가 물소를 사냥하듯이 자기보다 훨씬 더 큰 동물을 잡아먹기도 하니까.
이렇듯 생물들 사이에서 먹고 먹히는 관계가 사슬처럼 이어진 것을 **먹이 사슬**이라고 해.

먹이 그물은 뭐야?

풀 - 메뚜기 - 쥐 - 올빼미로 이어진 사슬은 다른 방향으로도 연결될 수 있어.

메뚜기는 참새에게, 쥐는 족제비나 뱀에게도 먹힐 수 있지.

풀 - 토끼 - 여우 - 호랑이 사슬에서는 호랑이가 토끼를 바로 잡아먹을 수도 있어.

이렇듯 생물들 사이의 먹고 먹히는 관계는 사슬과 사슬이 가로세로로 얽혀서 **먹이 그물**이라는 매우 복잡한 관계를 이루게 돼.

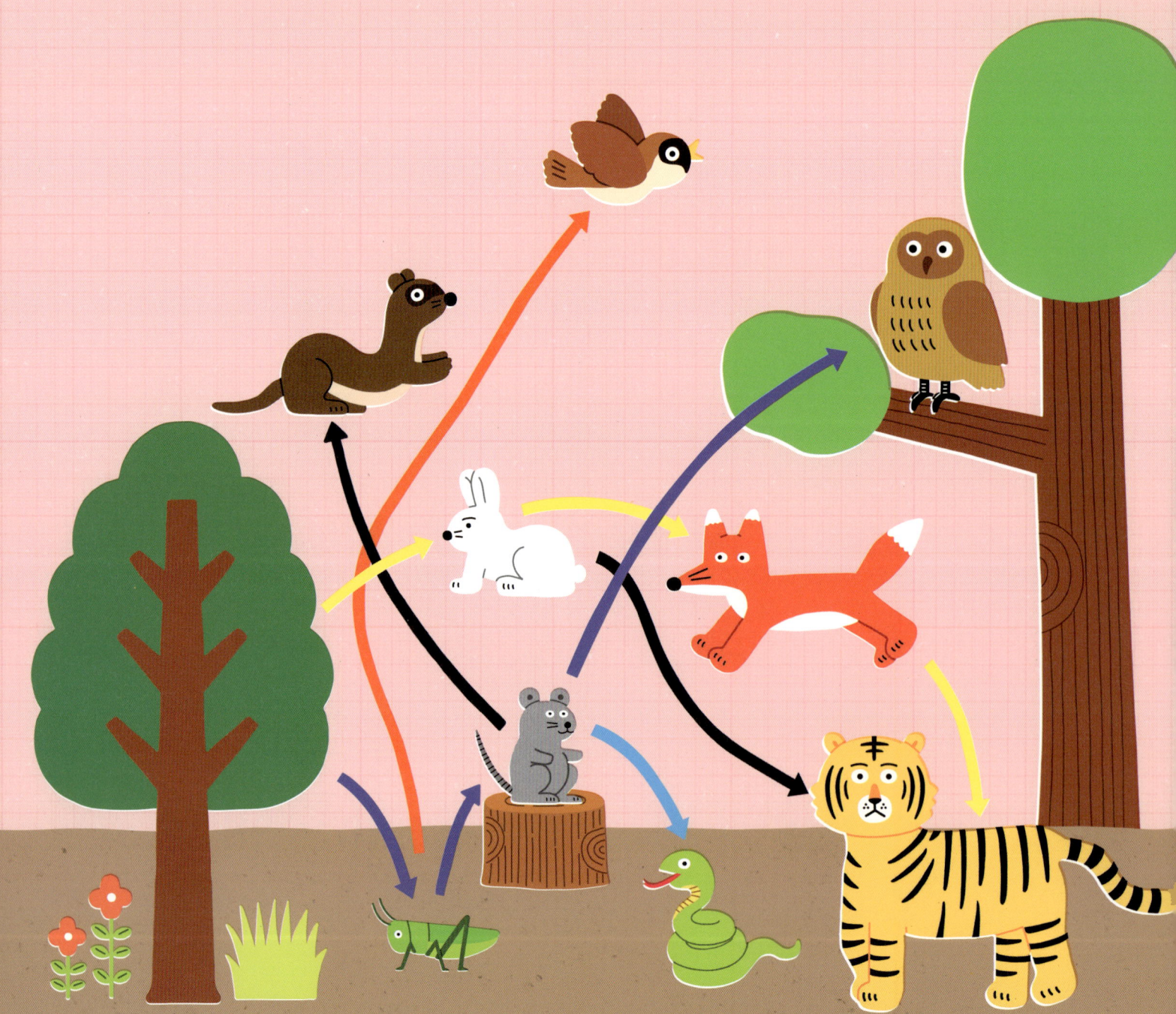

먹고 먹히는 데에도 규칙이 있어!

생물들 간에 먹고 먹히는 관계에는 어떤 규칙이 있을까?
첫째, 그 관계는 광합성을 하는 식물에서 시작된다는 거야.
나무나 풀처럼 에너지가 담긴 양분을 광합성 하는 생물을 **생산자**라고 해.
둘째, 동물들은 반드시 다른 생물을 먹어야 산다는 거야.
다른 생물을 먹어야 하는 동물들을 **소비자**라고 하지.
풀 - 메뚜기 - 쥐 - 올빼미 사슬에서 메뚜기는 1차 소비자, 쥐는 2차 소비자,
올빼미는 3차 소비자이자 최종 소비자야. 먹히는 쪽을 **피식자**, 먹는 쪽을 **포식자**라고도 해.
셋째, 먹이 사슬과 먹이 그물을 따라 에너지가 전달돼.
생산자에서 1차 소비자, 최종 소비자의 방향으로 에너지가 흐른다는 뜻이지.

분해자를 잊지 마!

이 세상에 생산자와 소비자만 있다면 어떨까? 지구는 온 땅이 죽은 식물과 동물의 몸으로 덮이고,
강과 바다에 수없이 많은 죽은 물고기들이 떠 있는 죽음의 행성으로 변하고 말 거야.
하지만 이 세상에는 생산자와 소비자 말고도 매우 중요한 일을 하는 생물들이 있어.
작은 벌레들과 곰팡이, 버섯, 세균 같은 것들이지. 이 생물들을 가리켜 **분해자**라고 해.
분해자들은 이 세상 모든 생물의 사체와 배설물을 잘게 분해해서 다시 흙과 물과 공기로 돌아가도록
하는 위대한 일을 하고 있어. 생명의 물질이 온 세상을 순환하도록 해서 모든 생물을 살리는 거야.

생태계란?

어느 강이나 바다, 호수, 어떤 섬이나 숲, 또는 어느 작은 연못 같은
일정한 지역의 모든 생물은 다양한 관계를 맺으며 살고 있어.
먹고 먹히기도 하고, 서로 다른 공간에 나누어 살기도 하고,
경쟁을 벌이거나 서로 돕거나 한쪽이 다른 한쪽에 붙어살기도 하면서 말이야.
생물과 생물이 서로 영향을 주고받으며 살지.
이뿐만이 아니야. 생물과 환경도 서로 영향을 주고받아.
빛, 온도, 물, 흙, 공기 같은 것들이 생물의 삶에 영향을 주기도 하고 받기도 하니까.
이렇듯 생물과 생물, 생물과 환경이 서로 영향을 주고받는 시스템을 **생태계**라고 해.
한 지역의 모든 생물과 환경이 생태계를 이루지.
생태계에서는 끊임없이 에너지가 흐르고 물질이 순환하고 있어.

키노트

일정한 지역의 생산자, 소비자, 분해자들은 먹고 먹히거나 서로 경쟁하거나 돕는 등 다양한 관계를 맺으며 살고 있어. 생물과 생물이 아닌 환경도 서로 영향을 주고받지. 이렇듯 일정한 지역의 모든 생물과 환경 요소가 서로 영향을 주고받는 체계를 생태계라고 해.

미니퀴즈 궁금증 더하기

생태계에서 가장 중요한 것은 무엇일까?

생태계는 생물과 생물, 생물과 환경이 서로 영향을 주고받는 시스템이야.
이 생태계에서 제일 중요한 것이 있다고 해. 무엇일지 모두 골라 봐.

01 생산자　　02 소비자　　03 분해자　　04 무생물 환경

정답 · 01, 02, 03, 04

생태계에서 가장 중요한 것은 생산자와 소비자, 분해자와 무생물 환경 중 어느 하나가 아니라 그 모든 것들이 이루는 균형이야. 그중에 어느 하나만 잘못되어도 생태계의 균형이 깨지고 많은 생물의 삶이 어려움을 겪을 수 있어. 사람도 마찬가지야.

가위 불 바위 물 공기 보 스펀지!

초4	과학자처럼 탐구해 볼까요?
초5	다양한 생물과 우리 생활
초5	생물과 환경
중1	생물의 다양성

안 내면 진 거, 가위바위보!
친구가 신개념 가위바위보를 알려 줬어.
가위는 공기와 보, 스펀지를 이기고 불과 바위, 물에 져. 불은 보와 스펀지, 가위를 이기고 바위, 물, 공기에 진다는 거야.
친구는 더 어려운 것도 있다면서 다른 그림을 보여 줬어. 가위, 불, 바위, 총, 번개, 악마, 용, 물, 공기, 보, 스펀지, 늑대, 나무, 사람, 뱀이라니!
손 모양이 많아지니 이기고 지는 관계가 훨씬 더 많아지더라고.
생태계에서도 이런 일이 일어나는 걸까?

3에서 21로, 21에서 105로!

가위바위보에서는 이기고 지는 관계가 3가지야.
손 모양이 7개가 되면 이기고 지는 관계가 21가지로 늘어나지.
손 모양이 15개로 늘어나면 이기고 지는 관계는 모두 105가지가 돼.
하나하나 정확하게 세고 수학을 조금 사용했으니 믿어도 좋아.
수학을 좀 더 사용해 볼까?
처음에는 손 모양이 4개 더해지면서 18가지 관계가 늘어나고,
두 번째는 손 모양이 8개 더해지면서 84가지 관계가 늘어났지.
손 모양이 늘어난 것보다 훨씬 더 많은 관계가 만들어진다는 거야.
생태계(132쪽 참고)에서도 똑같은 일이 일어나.
생물이 다양하면 다양한 만큼 생물들 사이에는 훨씬 더 다양한 관계들이 생겨나지.

지구에 사는 생물은 모두 몇 종류일까?

지금까지 지구에서는 170만 종이 넘는 생물이 발견되었어.
놀라운 것은 지금도 새로운 종이 계속 발견되고 있다는 거야.
적도 부근 열대의 깊은 숲속이나 대양의 깊은 바닷속에는
우리가 모르는 동식물이 아직도 많이 살고 있어.
그래서 과학자들은 지구에 약 천만 종의 생물이 살고 있을 거라고 어림잡아.

같지만 다르다!

모든 사람은 호모 사피엔스라는 같은 종류의 생물이야. 하지만 사람은 모두 다 달라.
키도 다르고 몸무게도 다르고 얼굴 생김새도 다르고 피부색도 다르지.
심지어 일란성 쌍둥이에게서도 서로 다른 점을 찾을 수 있어. 사람만 그런 게 아니야.
우리 눈에 엇비슷해 보이는 오징어, 바다거북, 사슴벌레, 떡갈나무,
코스모스, 달팽이들도 저마다 조금씩 다른 특징이 있어.
이렇게 같은 종류의 생물에서 조금씩 다른 특징이 나타나는 것을 **변이**라고 해.
이런 변이는 자연 선택(126쪽 참고)의 재료가 되지.

갈라파고스핀치는 어떻게 다양해졌을까?

적도에서 가까운 갈라파고스 제도에는 많은 화산섬이 흩어져 있어.
그리고 그 섬들에는 10종이 넘는 핀치새들이 흩어져 살고 있지.
화산섬이 생기고 처음 갈라파고스에 찾아온 핀치는 모두 같은 종류였어.
하지만 서로 다른 섬의 환경에 적합한 변이를 지닌 개체가
자손을 남기는 일이 계속되면서 자연 선택에 의해 서로 다른 종으로 갈라져 나갔어.
그래서 이제 그 섬들에는 씨 먹는 핀치, 선인장 먹는 핀치, 벌레 먹는 핀치 등
다양한 핀치가 살고 있지.

1 씨 먹는 핀치 2 선인장 먹는 핀치

3 벌레 먹는 핀치

생물 다양성이란?

생물 다양성이란 어떤 곳에 사는 생물이 얼마나 다양한가를 가리키는 말이야. 생물 다양성이 크려면 우선 그 지역에 사는 생물의 종류가 많아야 해. 또 같은 종류의 생물에서 다양한 특징이 나타날수록, 다양성이 크지.
지구에는 숲, 사막, 갯벌, 바다, 초원, 호수, 강 등의 생태계가 있는데 생태계에 따라 생물의 종류도 다르므로 생태계가 다양할수록 생물 다양성도 커져.
생물 종과 변이와 생태계, 이 3가지가 다양할수록 생물 다양성이 크다는 거야.

생물 다양성이 커서 좋은 점은?

생물 다양성이 클수록 생태계는 안정된 상태를 유지해. 생태계가 쉽게 파괴되지 않지. 그리고 우리는 다양한 생물 자원을 얻고 안정된 환경에서 살 수 있어. 생명 다양성을 지키는 일이 얼마나 중요한지 알겠지?

미니퀴즈 궁금증 더하기

생물 다양성이 감소하는 원인이 아닌 것은?

여러 요인으로 생태계가 위협받아서 생물 다양성이 감소하고 있어. 원인이 아닌 것을 골라 봐.

- **01** 무분별한 개발로 생물의 서식지가 파괴되었어.
- **02** 생물을 마구 잡는 남획이 이루어지고 있어.
- **03** 천적이 없는 외래종이 고유종을 위협해.
- **04** 환경 오염으로 물과 공기가 나빠졌어.
- **05** 여러 나라가 생물 보전 협약을 맺었어.

정답 · 05

여러 나라가 다양한 국제 협약을 맺어 생물 다양성 보전을 위해 노력하고 있어.

키노트
생물 다양성은 어떤 곳에 사는 생물의 다양한 정도인데, 생물이 다양할수록 생태계는 안정돼. 일정한 지역에 사는 생물의 종류가 많을수록, 같은 종류의 생물에서 변이가 다양할수록, 생태계가 다양할수록 생물의 다양성이 크다고 할 수 있어.

사막여우한테 반했어!

오랜만에 온 가족이 동물원에 놀러 갔어.
훨훨 날아오르는 나비, 언제 봐도 재미있는
원숭이, 기린의 기다란 속눈썹에 마음이 흔들렸어.
하지만 뭐니 뭐니 해도 내 마음을
완전히 빼앗아 간 건 사막여우였어.
난 마치 어린 왕자가 된 것 같았어.
여우는 예뻐서 여우인가 봐.
북극여우, 사막여우 할 것 없이 이 세상
여우는 다 예쁜 것 같아. 그런데 사는 곳에 따라
여우의 모습이 그렇게
다른 이유가 뭘까?

초3	동물의 생활
초5	다양한 생물과 우리 생활
초5	생물과 환경
중1	생물의 다양성

어디가 다를까?

사막여우와 북극여우는 다른 점이 많은데 귀가 특히 눈에 띄어.

사막여우는 몸집보다 귀가 크고 얇은 편이지.

북극여우는 사막여우보다 몸집은 더 큰데 귀는 훨씬 더 작아.

사막여우의 얇고 큰 귀에는 많은 혈관이 분포해서 몸의 열을 많이 내보낼 수 있어.

그래서 뜨거운 사막에서 체온이 너무 높이 오르는 것을 막을 수 있지.

한편 추운 곳에 사는 북극여우의 작고 뭉툭한 귀는 몸의 열을 보존해 줘.

사막여우와 북극여우는 털 색깔에서도 차이가 나.

사막여우의 금모래 빛 털은 사막에서 눈에 띄지 않도록 해 주고,

여름에 갈색, 겨울에 흰색으로 변하는 북극여우 털은 극지방에서 몸을 숨기는 데 도움이 되지.

비슷한 데도 있을까?

극단적으로 다른 환경에서 사는 사막여우와 북극여우이지만 공통점도 있어.

그건 바로 발바닥에 난 털이야. 사막여우는 발바닥 털 덕분에 뜨거운 모래 위를 신나게 달릴 수 있고,

북극여우는 발바닥 털 덕분에 눈과 얼음 위로 잘 달릴 수 있지.

또 하나의 공통점은 빽빽한 털이야.

북극여우만큼은 아니지만, 사막여우 몸에도 많은 털이 나 있어.

낮에는 뜨거운 햇볕을, 밤에는 추위를 막아 주는 털이지.

사막여우는 귀 안에도 털이 나서 모래바람에서 귀를 보호해.

적응이란?

적응은 생물의 모양, 기능, 생활 습관 같은 것들이 환경에 알맞게 변하는 일이야.
사막여우는 사막에, 북극여우는 북극에 적응해서 지금과 같은 모습이 되었지.
식물들도 주위 환경에 적응해서 큰 잎, 작은 잎, 넓은 잎, 좁은 잎, 바늘 모양 잎,
비늘 잎, 물에 뜨는 잎, 덩굴이나 가시로 변한 잎 등 매우 다양한 잎을 갖게 되었어.
귀, 눈, 입, 코, 피부, 다리, 날개, 이빨, 발톱, 털, 꽃, 열매, 씨, 뿌리, 줄기, 잎 등
생물의 거의 모든 기관은 환경에 적응하는 과정에서 지금처럼 변했지.
그리고 그 변화는 지금도 계속되고 있어.

혀도 적응할까?

혀처럼 단순한 기관도 적응 과정을 거쳤을까? 답은 '그렇다'야.
기린은 0.6m에 이르는 긴 혀로 나무 꼭대기의 잎을 끌어당겨 맛있게 먹어.
꿀박쥐는 자기 몸보다도 긴 빨대처럼 생긴 혀로 꽃꿀을 빨아.
푸른혀도마뱀은 시퍼런 혀를 내밀고 적을 위협하고,
앵무새는 튼튼한 혀로 단단한 씨껍질을 붙잡아서 깨뜨리지.
개는 체온이 오르면 혀를 길게 내밀고 숨을 헐떡거리면서 더위를 식히고,
사람은 다양한 방식으로 혀를 움직여서 말할 수 있어.
정말 다양하지? 동물들이 생활 환경에 적응하는
과정에서 다양한 혀가 나타난 거야.

혀도 적응 과정을 거쳤군!

뿔이 너무 크잖아!

말코손바닥사슴 수컷들은 강인하고 우아한 뿔을 지닌 것으로 유명해. 그런데 그 커다란 뿔 때문에 어려움을 겪기도 하지. 뿔을 너무 크게 키우느라 뼈가 약해져서 다리가 부러지기도 한다니까. 이런 위험에도 불구하고 사슴들이 커다란 뿔을 유지하는 까닭은 번식기 동안 짝을 차지하기 위해서 싸울 때 필요하기 때문이야. 공작이나 극락조 같은 새들이 맹수의 눈에 띌 위험을 감수하고 아름다운 깃털을 갖게 된 것도 짝을 얻는 데 도움이 되기 때문이지. 이렇듯 짝을 얻기에 적당한 특징이 자손에게 전달되는 일을 **성 선택**이라고 해. 어떤 과학자들은 그 과정도 적응의 한 부분이라고 생각하지.

 **키노트** 적응은 생물의 모양이나 기능, 생활 습관, 행동 같은 것들이 주위 환경에 적합하도록 변하는 일, 또는 그 과정이야. 생물들은 생활 환경에 적응하는 과정에서 지금과 같은 다양한 특징을 갖게 되었어.

미니퀴즈 궁금증 더하기

핀치새는 어디가 다를까?

갈라파고스 제도에 사는 핀치새의 조상들은 서로 다른 섬에 흩어져 살면서 각 섬의 먹이에 적응해서 다른 종으로 갈라져 나갔어. 이런 적응은 핀치들의 어떤 부분을 가장 크게 변화시켰을까?

- **01** 깃털의 색
- **02** 날개의 길이
- **03** 부리의 모양과 크기

정답 · 03

서로 다른 핀치 종 사이에서 볼 수 있는 가장 중요한 차이는 먹이 종류에 적응한 다양한 부리야.

어떻게 정리하지?

우리 식구들은 책을 참 좋아해.
책을 읽는 것도 좋아하지만, 책을 사는
것도 좋아해. 그런데 책이 점점 많아지다 보니
책을 찾기가 어려워졌지.
오늘 우리 가족은 책 정리를 위한 회의를
했어. 우선 누가 산 책인지 구분한 다음,
각자 자신의 기준을 세워서 책들을 정리하기로
했지. 엄마와 아빠는 시, 소설, 다른 책들을
시간순으로 정리하기로 하셨어.
난 어떻게 정리할까?
좋아하는 순서대로?

초4 과학자처럼 탐구해 볼까요?
초5 다양한 생물과 우리 생활
초5 생물과 환경
중1 생물의 다양성

기준이 필요해!

집에 있는 책들은 마음대로 기준을 세워 정리해도 돼.
도서관에 있는 책들도 그럴까?
많은 사람이 보는 책들을 누군가 자기 마음대로 정리한다면 너무 혼란스러울 거야.
그래서 우리나라 도서관들은 한국 십진분류법으로 모든 책을 정리해.
책들을 주제에 따라 10가지로 나누고, 그것들을 다시 10가지로 세분하는 거야.
400번대 책들은 순수 과학, 800번대 책들은 문학, 이런 식으로 분류하지.
모든 도서관에서 같은 기준으로 분류하기 때문에 편리하게 쓰여.

생물은 어떻게 분류할까?

지금까지 발견된 지구 생물은 170만 종이 넘어.
종류가 많은 만큼 생물을 분류한다는 것은 쉬운 일이 아니야.
모든 사람이 인정할 수 있는 기준을 만들어야 했기 때문이지.
인위적인 기준이 아닌 자연 상태 그대로의 기준이 필요했어.
그래서 과학자들은 몸의 구조, 광합성 여부, 자손을 얻는 방법 등
생물 고유의 특징을 기준으로 생물을 분류하는 방법을 만들어 냈어.
그 결과 모든 사람이 같은 기준으로 생물을 분류할 수 있게 되었지.
하지만 지금도 세세한 부분에서는 과학자들 사이에 의견이 갈리기도 하고,
새로운 사실이 발견됨에 따라 분류 기준이 달라지기도 해.
어쨌든 사람이 기준을 정하기 때문이야.

내 맘대로 분류하면?

토끼, 고양이, 소, 말, 돼지, 참새, 금붕어, 닭, 개, 다람쥐, 햄스터, 쥐, 개구리, 도마뱀.
난 이 동물들을 이렇게 분류할 수 있어.
'토끼, 고양이, 닭, 개, 다람쥐, 금붕어, 개구리'
그리고 '소, 말, 돼지, 참새, 햄스터, 쥐, 도마뱀'
어떤 기준인지 알아맞히기 어려울 거야.
우리 집에서 길러 본 동물과 그렇지 않은 동물로 나누었으니까.
사실 나도 좀 헷갈려. 옛날 집에서 쥐가 발견된 적이 있으니
길렀다고 해야 하나, 잠시 고민했거든.

과학적으로 분류하면?

같은 동물들을 과학 지식을 이용해서 분류하면 모두 다섯 무리로 나눌 수 있어.
어양파조포, 이 동물들은 등뼈가 있는 척추동물이라는 공통점이 있지.
그래서 여기에 개미를 집어넣으면 개미와 나머지 모든 동물 이렇게 두 무리가 돼.
과학자들은 생물 고유의 특징을 관찰해서 공통점과 차이점을 찾고
그것을 바탕으로 기준을 정해서 생물을 과학적으로 분류해.
그 과정에서 생물을 더 잘 이해하고 생물 사이의 가깝고 먼 관계를 알 수 있지.

개미와 나머지 동물이군!

생물을 분류하는 단위는?

생물을 분류하는 기본 단위는 **종**, 가장 큰 단위는 **계**야. '종-속-과-목-강-문-계'의 순서로 점점 범위가 커지지. 사람을 이 단위에 집어넣으면 '사람종 - 사람속 - 사람과 - 영장목 - 포유강 - 척삭동물문 - 동물계' 이렇지. 지구에 사는 모든 생물은 동물, 식물, 균, 원생생물, 원핵생물의 다섯 계로 구분돼. 동물계는 동물, 식물계는 광합성 하는 식물, 균계는 곰팡이와 버섯들이야. 원생생물은 동물, 식물, 균류가 아니면서 핵이 있는 세포로 이루어진 생물들이고, 원핵생물은 세균처럼 세포에 핵이 없는 생물들이지.

 **키노트** 과학자들은 몸의 구조, 광합성 여부, 번식 방법, 유전자 등 생물 고유의 특징을 기준으로 생물을 분류해. 생물을 분류하면 생물을 체계적으로 이해하고 생물 사이의 가깝고 먼 관계를 알 수 있어.

미니퀴즈 궁금증 더하기

다섯 계를 다시 구분해 보자!

동물계, 식물계, 균계, 원생생물계, 원핵생물계의 다섯 계를 크게 두 무리로 나누면?

01 | 동물계 | 식물계, 균계, 원생생물계, 원핵생물계
02 | 동물계, 식물계, 균계 | 원생생물계, 원핵생물계
03 | 동물계, 식물계, 균계, 원생생물계 | 원핵생물계

정답 · 03

동물계, 식물계, 균계, 원생생물계는 모두 세포에 핵이 있다는 공통점이 있어. 원핵생물계에 속하는 원핵생물은 세포에 핵이 없지.

지구의 뜨거운 탄생!

초 5 · 다양한 생물과 우리 생활
초 5 · 생물과 환경
중 1 · 생물의 다양성

자연사 박물관을 견학했어.
책에서 보던 공룡 뼈가 반가이 맞아 주었지.
와, 정말 감탄사밖에 나오지 않더군.
내 마음을 사로잡은 것이 하나 더 있었어.
지구가 탄생하던 순간의 모습이야.
그때 지구는 온 땅이 펄펄 끓는 뜨거운
곳이었대. 매캐한 공기에 숨을 쉴 수도 없고,
하늘에서는 해로운 광선이 따갑게 쏟아지는
정말 무시무시한 곳이었지.
이런 곳에서 어떤 생명체가 살 수 있겠어!
갓 태어난 지구에는 어떤 생명체도 없었지.
지구에 무슨 일이 일어나
이렇게 많은 생명이 살게 된 걸까?

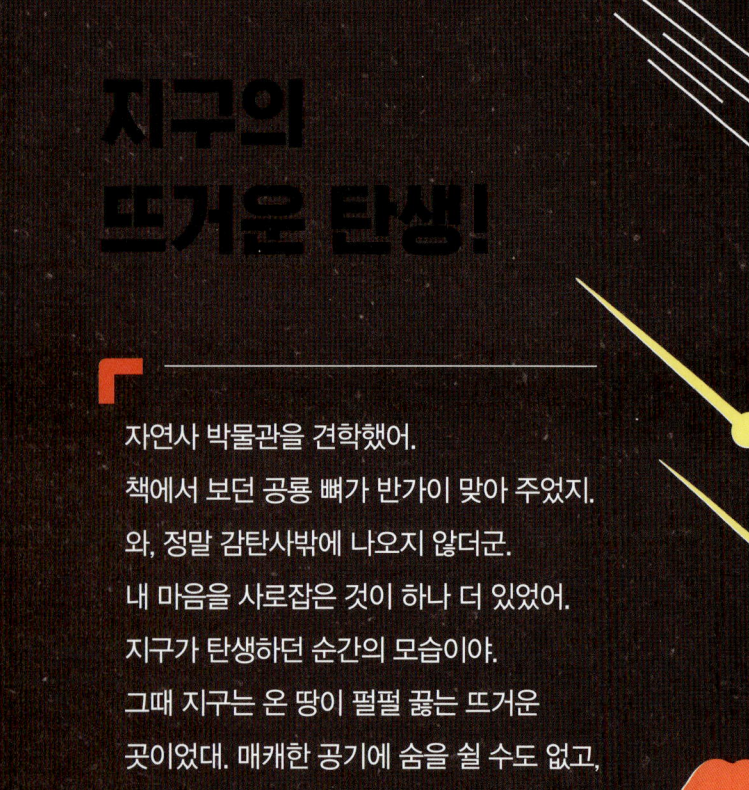

지구에 무슨 일이?

얼핏 보면 우리를 둘러싼 자연은 큰 변화가 없는 것 같아.
높은 하늘, 산과 들판, 연못과 호수, 개천과 강, 바다,
그곳에 깃들여 사는 동물과 식물, 미생물까지 말이야.
하지만 지구 환경을 연구한 과학자들은
지구가 탄생한 이래 땅덩어리가 크게 요동쳐 왔다는 것을 알아냈어.
지구 내부의 원인 때문에 지각이 흔들리고 모양이 변하는 것을 **지각 변동**이라고 해.
지각 변동은 생물들이 사는 환경을 크게 변화시키지.
변화하는 환경에 적응해서 생물들도 변화 과정을 거쳤어.
그리고 그 변화 과정은 화석에 잘 기록되어 있지.

화석이 뭐야?

사람들은 오래전부터 땅속에서 신기한 뼈와 뿔 같은 것들을 발견하고는 했어.
그것들은 살아 있는 어떤 동물의 뼈나 뿔, 껍데기, 이빨과도 달랐지.
옛날 사람들은 거인이나 괴물, 상상 속 동물이 그것들의 주인이라고 생각했어.
하지만 약 300년 전부터 박물학 연구가 활발히 이루어지면서,
사람들은 그 정체가 오래전 생물의 유해라는 것을 알게 되었지.
지질 시대 생물의 유해나 흔적이 남아 있는 것을 **화석**이라고 해.
화석은 대부분 퇴적암, 석탄, 화산재, 얼음 같은 물질 속에서 발견되지.
지금도 많은 과학자가 다양한 화석들을 연구해서 생명의 역사를 밝히고 있어.

생명 탄생의 신비!

지구가 탄생한 것은 약 46억 년 전 일이야.
그 뒤로 서서히 지구가 식으면서 많은 비가 내리기 시작했어.
빗물은 땅에 고여 거대한 바다를 이루었지.
그리고 어느 날, 바다에서 생명의 기적이 일어났어.
아주아주 작고 단순한 세포로 된 생명체가 탄생한 거야.
지금으로부터 약 38억 년 전 일이야.

생명체에 무슨 일이?

최초의 생명체는 주변의 작은 물질을 먹고 살았어.
그러다 몸이 너무 커지면서 한 세포가 둘로 나누어졌지.
둘이 넷이 되고 여덟이 되는 일이 되풀이되면서 생명체는 점점 많아졌어.
수많은 생명체는 서로 삼키기도 하고 서로 섞였다가 나누어지기도 했어.
그렇게 새로운 세포들이 만들어지면서 생명체가 다양해졌지.

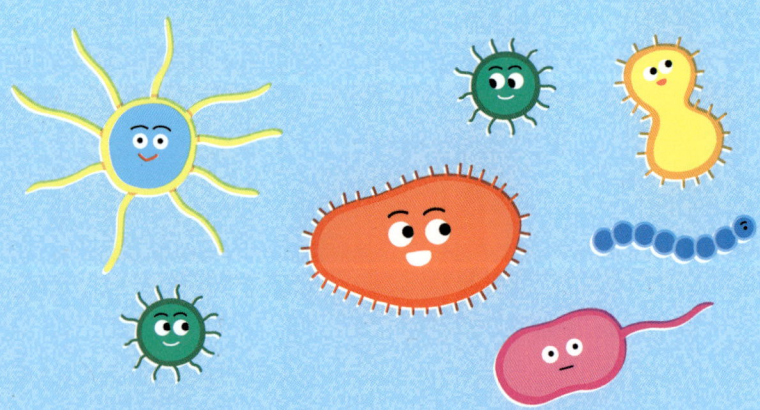

고마운 초록 생물!

최초의 생명체에서 다양하게 갈라져 나간 작은 세포 중에서
어떤 것들은 엽록소라는 초록색 물질을 갖게 되었어.
엽록소가 있는 세포는 햇빛과 이산화 탄소, 물만 먹고도 살 수 있었지.
이 작은 세포는 나중에 다른 세포들을 만나 식물이 되었어.
이들이 모든 생물에게 산소와 영양소를 제공하는 식물의 조상이야.

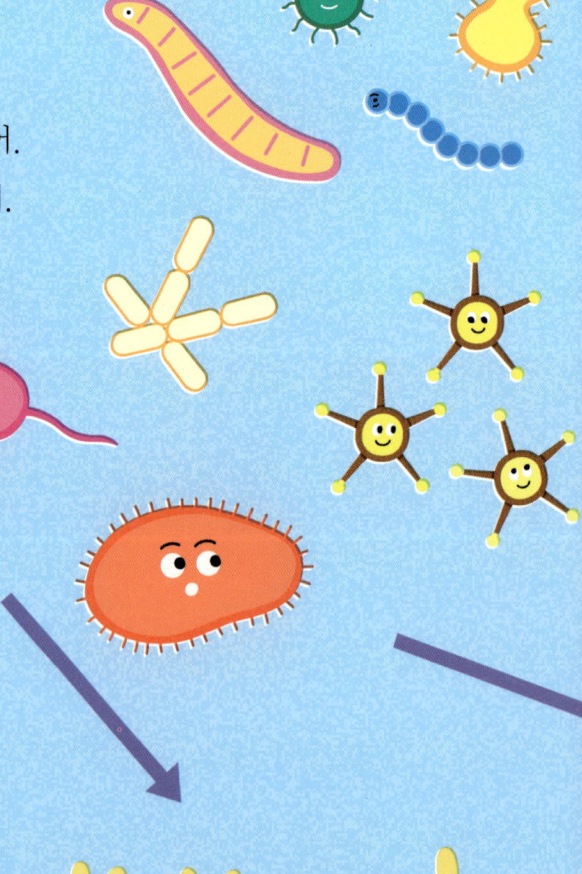

뭉치면 산다!

모든 생명체는 아주아주 오랫동안 한 세포로 된 단세포 생물이었어. 그러다가 10억 년 전쯤 여러 세포로 이루어진 다세포 생물이 출현했어. 다세포 생물은 여러 세포가 저마다 다른 일을 맡아서 한다는 이점이 있지.

벌레에서 포유류까지

다시 긴 세월이 흐르면서 다세포 생물에서 몸이 말랑말랑한 벌레들이, 벌레들에서 어류가, 어류에서 양서류가, 양서류에서 파충류가, 파충류에서 조류와 포유류가 갈라져 나왔어. 긴긴 세월 동안 지구 환경이 다양한 변화 과정을 거치면서 점점 더 복잡한 생명체들이 나타나고 생물이 점점 다양해진 거야.

 **미니퀴즈 궁금증 더하기**

지질 시대의 순서는?

지구가 생긴 이후부터 사람이 글자로 기록을 남기기 전까지를 '지질 시대'라고 해. 지질 시대는 발견되는 화석을 기초로 크게 넷으로 나뉘어. 다음 네 시기를 시간순으로 나열해 봐!

- 01 선캄브리아대
- 02 고생대
- 03 중생대
- 04 신생대

정답 · 01, 02, 03, 04

선캄브리아대에는 최초의 생명체가 생겨나고 다세포 생물이 나타났어.
고생대에는 어류와 양서류가 번성하고 파충류가 등장했지.
중생대에는 공룡과 같은 파충류가 번성하고 포유류가 등장했어.
신생대에는 포유류와 조류가 번성하고 인류가 나타났지.

 **키노트** 지질 시대 생물의 유해나 흔적이 남아 있는 것을 화석이라고 해. 많은 과학자가 화석 연구를 통해 생명의 역사를 밝히고 있어. 최초의 생명체는 매우 작고 단순한 세포였지. 지구 환경이 다양한 변화 과정을 거치면서, 복잡한 생명체들이 나타나고 생물이 점점 다양해졌어.

친절한 생명 과학 용어 사전

1차 성징 • 태어날 때부터 남성과 여성을 구분하는 기준이 되는 특징.

2차 성징 • 호르몬의 작용으로 자라면서 나타나는 남성과 여성의 특징.

BMI • 체질량 지수, 몸무게를 키의 제곱으로 나누어 계산함. 단위는 kg/m2.

DNA • 유전 정보를 담은 물질.

각막 • 눈알 앞쪽을 감싸고 있는 투명한 막.

간문맥 • 작은창자(소장)와 간을 연결하는 정맥.

고막 • 북처럼 울리면서 소리의 진동을 안으로 전하는 얇은 막.

골수 • 뼈의 중심부와 해면뼈의 빈 곳을 채운 젤리처럼 부드러운 물질.

공막 • 각막을 제외한 눈알의 바깥벽 전체를 둘러싸고 있는 막.

관절 • 뼈와 뼈가 맞닿아 연결된 곳.

귓속뼈 • 고막의 진동을 전달하는 3개의 뼈로 망치뼈, 모루뼈, 등자뼈 세 종류가 있음.

기계적 소화 • 화학적 소화가 잘 일어나도록 음식물을 부수고 소화 효소와 섞어 주는 일.

기생 • 종류가 다른 생물이 함께 생활하면서 한쪽이 이익을 얻고 다른 쪽이 해를 입고 있는 일.

날숨 • 내쉬는 숨.

내분비샘 • 호르몬을 분비하는 샘.

눈동자 • 눈알 한가운데에 있는 빛이 들어가는 부분.

달팽이관 • 소리 자극을 받아들이는 청각 세포가 분포한 달팽이 모양의 관.

들숨 • 들이쉬는 숨.

망막 • 눈 안쪽에 빛을 받아들이는 시각 세포가 퍼져 있는 부분.

먹이 그물 • 생물들 사이에서 먹고 먹히는 관계가 얽혀서 복잡한 관계를 이루는 것.

먹이 사슬 • 생물들 사이에서 먹고 먹히는 관계가 사슬처럼 이어진 것.

멜라닌 • 피부, 머리카락 등에 있는 흑갈색 색소.

무성 생식 • 암수의 구분이 없는 생식 방법.

바깥 생식 기관 • 생식 기관 가운데 몸 밖으로 드러나 있는 부분.

바이러스 • 유전 물질을 포함한 작은 단백질 덩어리.

반고리관 • 속귀에서 평형 감각을 받아들이는 감각 세포가 분포한 3개의 반원 모양 관.

발생 • 수정란이 세포 분열을 시작해서 세포 수가 늘어나고 다양해지면서 복잡한 개체로 자라는 일.

배설 • 혈액에 포함된 노폐물을 걸러 내어 몸 밖으로 내보내는 일.

백혈구 • 무색의 혈액 세포로, 세포핵이 있으며 병원체로부터 몸을 보호함.

변이 • 같은 종류의 생물 사이에 서로 다른 특징이 나타나는 것.

분해자 • 생물의 사체와 배설물을 잘게 분해해서 흙, 물, 공기로 돌아가게 하는 생물.

뼈막 • 뼈를 바깥쪽에서 감싸는 살아 있는 얇은 조직.

상리 공생 • 종류가 다른 생물이 함께 생활하면서 양쪽 모두에 도움이 되는 일.

생태계 • 생물과 생물, 생물과 환경이 서로 영향을 주고받는 시스템.

세포 분열 • 한 개의 모세포가 핵분열과 세포질 분열을 거쳐 두 개의 세포로 나누어지는 현상.

세포핵 • 세포의 모든 활동을 조절하는 세포 내 구조, 내부에 유전 물질이 들어 있음.

소비자 • 다른 생물을 먹어야 하는 동물.

수정란 • 정자를 만나 수정이 이루어진 난자.

수정체 • 눈동자 바로 뒤에 붙어 있는 볼록 렌즈 모양의 투명한 물체.

신경 • 뇌와 척수 그리고 우리 몸의 다른 모든 부분을 연결해서 정보를 전달하는 장치.

신경 세포 • 신경 세포체와 가지 돌기, 신경 돌기로 구성된 세포.

신경 전달 물질 • 한 신경 세포에서 다음 신경 세포로 신호를 전하는 물질.

안뜰 • 속귀에서 평형 감각을 받아들이는 감각 세포가 분포한 둥근 주머니 모양 부분.

염색체 • DNA와 단백질로 이루어진 유전자의 집합체, 사람의 체세포에는 23쌍이 있음.

외분비샘 • 땀이나 소화액을 분비하는 샘.

위액 • 위에서 분비되는 소화액.

유성 생식 • 수컷과 암컷의 생식 세포가 결합하여 새로운 생명을 만드는 일.

유전 • 어버이가 지닌 특성이 자손에게 전해지는 현상.

유전자 • 생물체에서 각각의 유전 형질이 나타나도록 하는 인자.

인대 • 관절에서 뼈와 뼈 사이를 이어 주는 조직.

자연 선택 • 주어진 환경에 잘 적응한 생물은 살아남아서 자손에게 자신의 특징을 전달하고 그러지 못한 생물은 사라지는 일.

적혈구 • 붉은색을 띤 혈액 세포로, 세포핵이 없으며 온몸 세포에 산소를 공급함.

점막 • 소화관이나 호흡 기관 안쪽을 덮고 있는 부드럽고 끈끈한 막.

점액 • 소화관이나 호흡 기관 안쪽 점막에서 분비되는 끈끈한 액체.

지의류 • 광합성 생물인 조류와 균류가 달라붙어 서로 돕고 사는 생물.

진피 • 표피 아래에서 표피와 함께 피부를 이루는 조직, 모세 혈관과 신경을 포함함.

치밀뼈 • 뼈막 바로 안쪽에 뼈 조직이 빽빽하게 밀집한 부분.

코곁굴 • 머리뼈에 있는 공기 구멍으로, 코안에 연결된 동굴과 같은 구조로 되어 있음.

코선반 • 코안 양쪽 벽에서 수평으로 선반처럼 튀어나온 부분.

콩팥 • 혈액에 있는 노폐물을 걸러 오줌을 만드는 기관, 강낭콩 모양으로 좌우 한 쌍이 있음.

텔로미어 • 염색체의 말단 부분으로 염색체의 손상을 방지함.

편리 공생 • 종류가 다른 생물이 함께 생활하면서 한쪽 편만 이익을 보는 일.

폐포 • 폐로 들어가면서 점점 가늘어지는 기관지의 끝에 작은 포도송이처럼 달린 자루.

포식자 • 동물이 다른 동물을 먹을 때 먹는 쪽을 이르는 말.

표피 • 피부의 표면을 덮고 있는 조직.

피식자 • 동물이 다른 동물에게 먹힐 때 먹히는 쪽을 이르는 말.

해면뼈 • 치밀뼈 안쪽에서 뼈의 잔 기둥들이 입체적으로 얽혀 있어 빈 곳이 많은 부분.

혈소판 • 혈액에 있는 작은 세포 조각, 지혈 작용을 함.

혈장 • 혈액에서 혈구 성분을 제외한 엷은 누런색 액체.

호르몬 • 우리 몸의 한 부분에서 분비되어 혈액을 타고 표적 기관으로 이동하는 화학 물질.

홍채 • 각막과 수정체 사이에 있는 둥글고 얇은 막.

화학적 소화 • 소화 효소가 작용하여 음식물 속 큰 분자를 작은 분자로 분해하는 일.

힘줄 • 근육과 뼈를 이어 주는 조직.